JN109051
ロシア連邦
オホーツク海
アルメニア
ジョージア
カザフスタン
モンゴル
朝鮮民主主義人民共和国
日本海
アゼルバイジャン
ウズベキスタン
黒海
キルギス
トルコ
トルクメニスタン
タジキスタン
大韓民国
中華人民共和国
黄海
日本
キプロス
シリア
レバノン
イスラエル
イラク
イラン
アフガニスタン
ネパール
東シナ海
ブータン
ヨルダン
クウェート
バーレーン
パキスタン
エジプト
サウジアラビア
カタール
ミャンマー
ラオス
台湾
紅海
アラブ首長国連邦
オマーン
インド
バングラデシュ
南シナ海
スーダン
エリトリア
イエメン共和国
タイ
ベトナム
フィリピン
ジブチ
ベンガル湾
カンボジア
太平洋
南スーダン
エチオピア
ソマリア
スリランカ
ブルネイ
パラオ
マーシャル諸島
ミクロネシア連邦
モルディブ
マレーシア
ウガンダ
ケニア
シンガポール
キリバス
ナウル
インド洋
インドネシア
ブルンジ
タンザニア
セーシェル
パプアニューギニア
ソロモン諸島
マラウイ
東ティモール
コモロ
ツバル
モザンビーク
ジンバブエ
マダガスカル
モーリシャス
バヌアツ
サモア
フィジー
トンガ
エスワティニ
レソト
オーストラリア
タスマン海
ニュージーランド
40°
60°
80°
100°
120°
140°
160°
180°
加盟国に色をぬろう。
色で国名を囲む〕
色で国名に線を引く〕
色で国名に線を引く〕
囲もう。
ヨーロッパ
0
500km
10°
0°
10°
20°
50°
40°
エストニア
ラトビア
リトアニア
デンマーク
アイルランド
イギリス
オランダ
ロシア
ベラルーシ
ポーランド
ドイツ
ベルギー
ウクライナ
ルクセンブルク
チェコ
スロバキア
リヒテンシュタイン
モルドバ
フランス
スイス
オーストリア
ハンガリー
スロベニア
ルーマニア
ジョージア
モナコ
クロアチア
ボスニア・ヘルツェゴビナ
セルビア
ポルトガル
アンドラ
サンマリノ
イタリア
コソボ
ブルガリア
モンテネグロ
スペイン
バチカン市国
アルバニア
北マケドニア
トルコ
ギリシャ

本書の特色と構成

本書の特色

①教科書完全準拠の書きこみ式ノート

第一学習社版教科書『高等学校 新公共』(公共711)に準拠した学習整理ノートです。
教科書の内容にそって，完全見開き構成の68テーマで構成しています。

②教科書の理解を定着させる「学習内容の整理」「チャレンジしよう」

教科書の要点を空欄補充形式でまとめる「学習内容の整理」，教科書掲載の図や問いを使って考える「チャレンジしよう」に取り組むことで，知識の確認と思考力・判断力・表現力をきたえることができます。

③課題探究学習に使える「ワークシート」

教科書の「私たちから未来へ」(第１・２編)，「ケーススタディ」(第３編)については，教科書の展開にそったワークシートを用意しました。個人の調べ学習としても，グループの対話的な学習としても利用できます。

④定期試験対策に使える「演習問題」「総合問題」

問題演習として，第１編編末と第２編各章末に「演習問題」を用意しました。さらに，巻末には「公共」の学習内容全体について考える「総合問題」を用意しました。
「演習問題」の各設問には次のマークを付し，利用しやすくしています。

知・技(知識・技能を特に要する問題)　**思・判・表**(思考力・判断力・表現力を特に要する問題)

そのほか，巻頭には地図を使った問題，巻末には選挙に関する問題・年表を使った問題を用意しました。

⑤解答には丁寧な解説【着眼点】つき

別冊解答では，「チャレンジしよう」やワークシート，「演習問題」「総合問題」などの思考力・判断力・表現力をはかる問題について，丁寧な解説【着眼点】をつけ，確認できるようにしました。

本書の構成

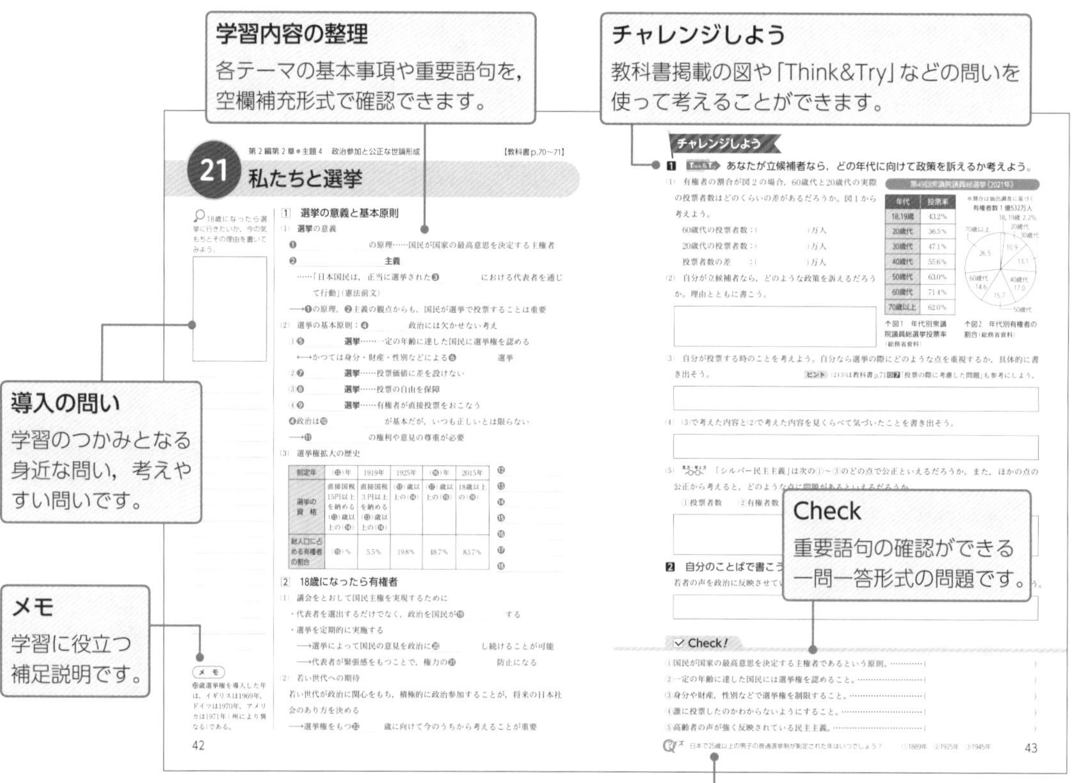

訂正情報配信サイトのご案内　54170-03
利用に際しては，一般に，通信料が発生します。

https://dg-w.jp/f/4ecef

目次

第1編　公共の扉

第1章　公共的な空間をつくる私たち

第2章　公共的な空間における人間としてのあり方生き方

第3章　公共的な空間における基本的原理

第2編　自立した主体として よりよい社会の形成に参画する私たち

第1章　法的な主体となる私たち

第2章　政治的な主体となる私たち

第3章　経済的な主体となる私たち

第3編　持続可能な社会づくりの主体となる私たち

ケーススタディ

社会に生きる私たち

教科書 p. 8 図1のヒロトとみさきの生活について，よい点・改善すべき点をあげよう。

メモ
❹は，人間の一生を，誕生→乳児期→幼児期→児童期→青年期→中年期→老年期というサイクルでとらえる。

メモ
⓮は，オーストリアの精神分析学者**フロイト**の考えをもとに提唱された。フロイトは，人間の無意識の部分の解明，性衝動による人間の心理学的・行動学的影響などについて研究をおこなった。

1　私たちと社会

❶＿＿＿＿な空間

……① 地域社会や国家・社会などにおける，人のつながりやかかわり

② ①によって形成される社会のしくみそのもの

・私たちは，多くの時間を❷＿＿＿＿という❶な空間ですごしている

・人間は❶な空間のなかで❸＿＿＿＿して生き，人間としてのあり方生き方について思索を続けてきた

──→自分とは何か，社会とは何か，ということに目を向けよう

2　青年期を生きる私たち

(1)　青年期の特徴

青年期……人間の❹＿＿＿＿（人生の周期）のなかで，子どもからおとなへと変容し成長をとげる時期

・第二次性徴による「性のめざめ」と，自分を確立しようとする「❺＿＿＿＿」という形であらわれる

・自分自身の判断で行動したいという❻＿＿＿＿が強まり，親や教師などの既存の権威や制度に否定的になる

──→幼児期の第一反抗期に対し，❼＿＿＿＿の時期

(2)　青年期の心の変化

・心や身体の急激な成長

──→孤独感・不安感・❽＿＿＿＿に悩まされ，❾＿＿＿＿を感じることがある

・❿＿＿＿＿をもつことは，鋭い感受性のあらわれ

──→克服する過程で，人間性を高めていく人も多い

・いつでも対話できる心の友をもつことは，青年期を支える大切な側面

(3)　青年期の心の変化

・周囲の社会環境に⓫＿＿＿＿しながら行動することが求められる

──→自分の欲求がすべて思いどおりにはならない時，⓬＿＿＿＿や⓭＿＿＿＿状態に陥り，不適応感を感じる

──→自我を傷つけないで，無意識のうちに解決していこうとする心のはたらき（⓮＿＿＿＿）によって，失敗や挫折を乗りこえる

・⓯＿＿＿＿……年齢に応じた発達段階において達成すべき課題

──→生活のさまざまな場面で，主体的に⓰＿＿＿＿と自己実現に取り組んでいくことが大切

チャレンジしよう

1 私たちと社会のかかわりについて考えよう。

ヒント 教科書 p. 6 図1も参考にしよう。

(1) 学校の授業や部活動を通じて，社会とかかわりをもった経験を書き出そう。

(2) 地域とのかかわりを通じて，社会とかかわりをもった経験を書き出そう。

(3) (1), (2)の経験を通じて，自分自身が成長できたと感じることを書き出そう。

2 ? 欲求と適応について，教科書の図も参考にして考えよう。

(1) 図1の①～⑤は，図2のどの欲求とかかわりが深いのか，あてはまる記号を書きこもう。

	①	②	③	④	⑤
ヒロト	不規則な生活	睡眠不足・不健康	授業に集中できない	勉強も友達もできない	自己嫌悪
みさき	規則正しい生活	健康	授業に集中できる	学校生活が充実	進路実現に前向き

↑図1 ヒロトとみさきの生活，くらべてみると

→図2 欲求の構造

①(　　　) ②(　　　) ③(　　　) ④(　　　) ⑤(　　　)

(2) 「公共」のテストで悪い点をとった時に自分がとるであろう行動を，下の①～⑤から選び，番号に○をつけよう。⑤の場合は，自分の考えを書こう。

①点数が悪いことを気にしない　②テストの日は体調が悪かったので仕方ないと考える

③ゲームなどをして，テストのことを忘れる　④ほかの教科の点がよかったのでよしとする

⑤(　　　)

(3) (2)の①～⑤は，防衛機制のなかの何という反応にあてはまるだろうか。

①(　　　) ②(　　　) ③(　　　) ④(　　　) ⑤(　　　)

Check!

①ライフサイクルのなかで，子どもからおとなへと大きく変容し成長をとげる時期。……(　　　)

②青年期に親などから距離をとり，自分を確立しようとすること。……(　　　)

③心のなかにある強いわだかまり。……(　　　)

④欲求不満から無意識のうちに自我を守ろうとするはたらき。……(　　　)

⑤年齢に応じた発達段階において達成すべき課題。……(　　　)

Qクイズ 「欲求不満」を英語でいうと何でしょう？　①フラストレーション　②コンフリクト　③アパシー

私たちから未来へ

「おとな」になるとは，どういうことだろうか

▶タイトルにあげた問いについて，自分の考えを書いておこう。

1 課題の把握　高校生がもつ「おとな」のイメージ

(1)　グループで「おとな」のイメージをあげてみよう。あげたイメージを，肯定的なものと否定的なものに分類しよう。

肯定的なイメージ
否定的なイメージ

(2)　いつになると「自立したおとな」といえると思うか，あてはまるものに○をつけよう。「キ．その他」の場合は，自分の考えを書こう。

(　　)ア．働きはじめたら　(　　)イ．一人暮らしをはじめたら

(　　)ウ．こづかいや仕送りをもらわなくなったら

(　　)エ．結婚したら　(　　)オ．自分の子どもが誕生したら

(　　)カ．18歳になったら

(　　)キ．その他(　　　　)

2 考える視点A　「おとな」としてできること

(1)　18歳になったらできることが増えるが，同時に法的な責任も増える。次の①，②の項目について，どのような責任があると考えられるだろうか。

①普通自動車の運転

(　　　　)

②資格取得

(　　　　)

(2)　教科書 p.10図4で取り上げた「18歳ではできないこと」について，なぜできないのか，理由を考えよう。

メモ

衆議院や地方議員の立候補は25歳，参議院や知事の立候補は30歳から可能である。

p. 3 クイズの答え　①

3 考える視点B 「おとな」として認められる条件

(1) 教科書p.11図5～7について，それぞれの「おとな」と認められる条件は，どのような資質をはかっていると考えられるだろうか。

①力石（　　　　　　　　　　）

②朝飯前（　　　　　　　　　　）

③ナゴール（　　　　　　　　　　）

(2) 現代の日本において，「おとな」として必要な資質にはどのようなものがあると考えられるだろうか。

4 私の考えをまとめる 「おとな」になることに向け，今私たちがすべきことは？

(1) 教科書p.11図8にあげた①～⑩の青年期の発達課題について，自分が達成できているものとできていないものに分類し，番号を書きこもう。

達成できている（　　　　　　　　　　）

達成できていない（　　　　　　　　　　）

(2) 教科書p.11図9や次の資料も参考にして，自分がなりたいと思う「おとな」になるためにどう生きていきたいか，自分の考えを書こう。

①自己意識の社会への拡大	②他人との温かい人間関係
③情緒的安定と自己受容	④現実を知覚し接触する技能
⑤自己の客観視	⑥人生を統一する哲学

←図 「成熟した人格」の基準（アメリカの心理学者オルポートによる）

私は，こんな「おとな」になりたい

そのために必要なこと

メモ

教科書p.11図9で取り上げた『君たちはどう生きるか』は，15歳の少年「コペル君」が「おじさん」から受け取る手紙をとおして，社会のあり方や自身の生き方を模索し，成長をとげる作品である。

▶1～4の学習をふまえ，改めてタイトルにあげた問いについて，自分の考えをまとめよう。

クイズ 次のうち，成年年齢を「18歳」と定めている国はどこでしょう？ ①イギリス ②ロシア ③中国

3 個人の尊厳と自主・自律/多様性と共通性

教科書 p.12図2を参考にして，自分が「自由じゃない」と感じる時をあげてみよう。

1 個性の形成と自主・自律

(1) 個性の形成

自己探求の目標……豊かな**個性**(❶　　　　)の形成

個性
- ・生まれながらにもつ❷　　　　な面
- ・生後，周囲との関係のなかでつくられる❸　　　　な面

＋人間がもつ**自律的な**❹

──→主体的な努力によって，新しい自分をつくることができる

(2) ❺　　　　**(自我同一性)の確立**

・アメリカの心理学者❻　　　　が青年期の発達課題とした

・達成のためには，自分の特徴を自覚し，みがきあげていく❼　　　　と，社会の一員としての知識や実行力を身につける❽　　　　が必要

2 個人の尊厳と社会的存在としての人間

(1) 公共的な空間でともに生きるために

……人種・性別・年齢・障害などの違いを❾　　　　(**ダイバーシティ**)として捉え，社会的存在としておたがいに認めあうことが大切

例：❿　　　　とよばれる性的指向や性自認

・少数者(マイノリティ)として歴史的に差別の対象となってきた

・一人ひとりが⓫　　　　をとおして多様な性のありようを理解・共感

──→多面的・多角的に社会を捉えられるようになる

(2) ⓬

……すべての人々を社会の構成員としてつつみ支えあうこと

──→⓭　　　　の原理は，民主政治の究極の目標

3 人間の多様性と共通性

(1) 若者文化(⓮　　　　)の特徴

・生活文化や伝統を否定する**対抗文化**(⓯　　　　**・カルチャー**)として強調されてきた

・世間を重視する⓰　　　　**の文化**，ソトの集団に敵意を示す⓱　　　　**意識**など，日本の伝統文化が影響を与えているものも多い

(2) 人間のあり方生き方

・人間はたがいに⓲

・多様な価値観や考え方をもちながらも，⓫をとおして意思疎通をはかる

・効率や公正などの考え方を用いて，⓳　　　　的なシステムをはたらかせながら，公共的な空間を形成している

p. 5 クイズの答え　①，②，③

4 社会の多様性と共通性

・⑳ ＿＿＿＿＿＿ **主義**……世界の文化の間には，序列関係は存在しない

・**自民族中心主義**（㉑ ＿＿＿＿＿＿）……自分の文化を基準とし，ほかの文化を否定⟶紛争を引き起こす原因となる

・㉒ ＿＿＿＿＿＿ **主義**（マルチカルチュラリズム）……社会のなかで複数の文化が対等に共存することをめざす

⟶異文化を理解し，たがいの伝統や文化を尊重する姿勢が必要

メモ

⑳主義と㉒主義は似た概念だが，⑳主義は文化人類学上の主張・考え方などに用いられるのに対して，㉒主義は政策や国の姿勢として用いられることが多い。

チャレンジしよう

1 「自由な生き方とは」をテーマに，哲学対話をしてみよう。

ヒント 教科書p.12図1のルールをふまえて話しあおう。

p.6の導入の問いで考えた「自由じゃない」と感じる時についてグループで意見を出しあい，「自由な生き方とは」をテーマに出た考えをまとめよう。

2 多様性と共通性について，教科書の写真も参考にして考えよう。

教科書p.14図1のように，仮面・仮装の文化は世界各地で見られる。まったく交流がないと思われる地で，同じような文化が見られるのはなぜだろうか。自分の考えを書きこもう。

3 ? 異文化理解について，教科書の写真も参考にして考えよう。

(1) 教科書p.15図3の食事風景のように，文化の違いを感じた経験があれば，書き出してみよう。

(2) 文化の違いは時に紛争の原因となる。文化の違いに対して，どのような姿勢をもつべきか，自分の考えをまとめよう。

Check!

①パーソナリティの三つの要素。……………………………（　　　）

②エリクソンが提唱した，青年期の発達課題。……………（　　　）

③すべての人々を社会の構成員としてつつみ支えあうこと。……………（　　　）

④隣近所や世間の思惑を重視する，日本人特有の文化。……………（　　　）

⑤自分の文化を基準として，ほかの文化を否定する考え方。……………（　　　）

Qクイズ LGBTを象徴する旗の名前は何でしょう？　①カラフルフラッグ　②レインボーフラッグ　③サンフラッグ

4 伝統文化とのかかわり

教科書 p.16図1の年中行事のなかで，自分が今も毎年おこなっているものをあげよう。

メ　モ

❸の神では，古来からの太陽神への信仰を示し，伊勢神宮をはじめとする多くの神社で祀られている天照大神も，これに含まれる。

メ　モ

❸の神やヒンドゥー教のように，複数の神を崇拝する宗教を多神教という。⑲教やその母胎であるユダヤ教，㉒などは，ただ一つの神を信仰する一神教である。

1 日本人の伝統意識

(1) ❶

……社会で見られる，言語や宗教的儀礼，生活様式などの共通する特徴

長い時間をかけて積み重ねられてきた❶を❷　　　　という

(2) 古代日本の人々の考え──→後世の日本人の意識の原型に

・❸　　　　**の神**のように，自然界のあらゆる事物や現象に精霊が宿るとする❹　　　　の考え

・社会の秩序を乱す行為や神聖なものをけがす行為を罪・❺　　　　として忌み嫌う──→祓い（祓え）や❻　　　　によって排除

・❼　　　　（**清明心**）という嘘・偽りのない心を尊ぶ

2 祭りと年中行事

(1) ❽　　　　……決まった場所・時期に神をむかえる行事

・もとは五穀豊穣を祈るなど，❾　　　　を中心としたものが多い

・日常的な❿　　　　**の行事**ではなく，非日常的な⓫　　　　**の行事**

(2) ⓬　　　　……毎年同じ時期におこなう伝統的な行事

・⓭　　　　の推移や農事暦などと深いかかわりがある

・七五三や成人式などは，成長を祝う⓮　　　　として根づく

・中国や欧米由来のものや，⓯　　　　とかかわりが深いものも多い

──→多くの文化が重なりあうことで，日本文化は形成・継承されてきた

3 宗教とのかかわり

(1) **宗教**とは何か

⓰　　　　や⓱　　　　など超自然的な存在を信仰し，心の安らぎや希望を得る

──→このような信仰が体系的な教えをともなって成立したもの……宗教

(2) ⓲　　　　**宗教**……国家や民族の枠組みをこえた宗教

①⓳　　　　**教**（開祖：**イエス**）

無償で無差別な神の愛（⓴　　　　）を周囲の人々に実践する㉑　　　　の大切さを説く

②㉒　　　　（開祖：**ムハンマド**）

聖典『㉓　　　　（コーラン）』には，唯一神㉔　　　　のことばや，六信・五行，イスラーム法などの教えが書かれている

③㉕　　　　**教**（開祖：**ゴータマ＝シッダッタ**）

㉖　　　　からの解脱（悟り）を説く。あらゆるものは相互に依存する（**縁起の法**）ことから，㉗　　　　の心をもつことの大切さを説く

p. 7 クイズの答え　②

チャレンジしよう

1 年中行事や通過儀礼について，その意味や由来を考えよう。

(1) ①～④の年中行事や通過儀礼について，おもにおこなわれる日付を書き，あてはまる説明をア～エから選んで記号を書こう。

① 月 日：端午の節句（ ） ② 月 日：七五三（ ）

③ 月 日：七夕（ ） ④ 月 日：クリスマス（ ）

ア．彦星と織姫星が，年に一度会うという伝説に基づいた星をまつる行事。

イ．鎧や兜を飾り，鯉のぼりを立てて，男児の成長や立身出世を願う行事。

ウ．キリストの誕生を祝う行事。

エ．３，５，７歳の時に成長を祈り，宮参りをする行事。

(2) (1)の①～④のうち，次にあてはまるものをすべて選んで番号を書こう。

ア．中国から伝わったものや仏教とかかわりが深いもの （ ）

イ．欧米由来のものやキリスト教とかかわりが深いもの （ ）

2 鎌倉仏教について，表の空欄に適切な語句を書きこみ，まとめよう。

	浄土宗	② 宗	臨済宗	曹洞宗	日蓮宗
開祖	①	親鸞	④	⑤	日蓮
教義	「極楽往生のためひたすら念仏だけを称える」専修念仏を説く。	「念仏さえも阿弥陀仏のはからい」という③ の立場に立つ。	戒律を守り，坐禅の修行によって心身をみがくことを重視。	「ひたすら坐禅に打ちこむ」⑥ を説く。	極楽ではなく現世での救済を主張。⑦ 経のみを信奉。

3 宗教と私たちの生活とのかかわりについて考えよう。

(1) 年中行事やふだんの生活をふり返り，宗教に由来するものをあげよう。

(2) グローバル化が進む社会では，さまざまな宗教を信仰する人の生活を理解する姿勢が必要である。たとえばムスリムの人々とともに生活する場合，どのような工夫が必要か考えよう。

ヒント 教科書p.19TOPICのムスリムの生活習慣を確認しよう。

☑ Check!

①文化のなかでも長い時間をかけて積み重ねられたもの。………………（ ）

②自然界のあらゆる事物や現象に精霊が宿っているという考え。………（ ）

③日常の「ケ」と非日常「ハレ」という世界観を見いだした民俗学者。……（ ）

④国学を大成し，日本古来の日本人のあり方について研究した人物。…（ ）

⑤人々の成長を祝う機会として私たちの生活に根づいた行事。…………（ ）

クイズ 喜寿は77歳，米寿は88歳。では，白寿は何歳でしょう？ ①33歳 ②66歳 ③99歳

5 自立した主体をめざして

今のあなたの生きがいは何だろうか。

1 社会とのかかわり

(1) 職業が与えてくれるもの

・❶ ……自分の人生設計を立てるために職業につき，❷ を得る

・❸ ……職業を通じて社会的分業に参加し，人々と交流

・❹ ……職業が自分の才能を伸ばし，個性をみがく

(2) 職業選択の重要性

❺ にあった職業は，生涯の生きがいとなる

⟷どのような職業を選べばよいかは難しい問題

❻ （パートやアルバイトとして働く）を選択する者や，❼ （学校に行かず，就職する意志もない）となる者も

↓ 自分を見つめなおすために

・職場体験活動などのいわゆる❽

・❾ **活動**など，職場以外の社会参画

メモ

❻のなかには，将来の夢や趣味のためにあえてこの道を選んでいる者もいれば，就職できず，やむを得ずこの道を選んだ人もいる。

メモ

❾の理念は，①自発性，②無償性，③公共性，④先駆性である。

2 学び続けることと生きがい

(1) 学ぶ……「❿ （まねる）」ということばから生まれた

人から教えてもらう＋⓫ から身につける

(2) 現代社会の特徴と⓬ **学習**の重要性

・変化が激しい⟶⓬をかけて主体的に学習に取り組むことが必要

・⓭ が多様化し，明日が見えにくい

⟶⓮ は，苦労や困難を乗りこえる助けとなる

⟶自分の生き方あり方を考えながら人生設計をおこなう⓯ が求められている

チャレンジしよう

1 キャリアデザインについて考えよう。

(1) ？教科書p.20図1で取り上げたある女性のキャリアについて，どんなキャリアを送ってきたと思うか，カードの番号を並べかえてみよう。

(　　)⟶(　　)⟶(　　)⟶(　　)⟶(　　)⟶(　　)

(2) 二次元コードで女性の手記を読み，どのようなきっかけでそれぞれの道を選んだのか考えよう。

p. 9 クイズの答え　③

2 いまを生きるスキル 自分のあり方生き方を考えよう。

(1) 「私は」のあとを思いつくままに書きこんでいき，自分がどのような人物であるか自己紹介しよう。

私は，

私は，

私は，

私は，

気づいたこと

(2) ？教科書p.22図2を見て，自分はどのタイプにあてはまるか考えよう。

(3) 30歳の時，自分はどうなっていたいか具体的に書き出そう。

家庭	
仕事	
地域	
趣味	
大切なもの	

(4) 将来の目標を一つ立てて，その目標を達成するために必要なことを逆算して考えてみよう。

将来やってみたい仕事	①
①のために必要なこと	②
②を身につけるためにやるべきこと	③
③のための高校卒業後の進路	④
①～④を実践するために明日からやる具体的な目標	明日から取り組むこと
	高校卒業までの目標

Check!

①パートやアルバイトとして働く15～34歳の者。…………………………(　　　　　　　　　　)

②職場以外の場所で，賃金を目的とせず社会に参画する活動。…………(　　　　　　　　　　)

③ゆりかごから墓場まで，主体的に学習に取り組んでいくこと。………(　　　　　　　　　　)

④自分の生き方やあり方を考えながら人生設計をおこなうこと。………(　　　　　　　　　　)

⑤「学びて時にこれを習う，また説ばしからずや」と唱えた思想家。……(　　　　　　　　　　)

Qクイズ　ユングによる性格分類で，「思考」と正反対の機能は何でしょう？　①感情　②感覚　③直観

6 人間と社会のあり方についての見方・考え方（1）

教科書 p.24〜25で取り上げた部活動のグラウンド使用について，自分ならどのような意見を出すだろうか。

1 選択・判断の手がかりとなる考え方

（1） **幸福，正義，公正**

❶＿＿＿＿……自分が考えるよりよい生き方や社会のあり方

↓ 時として他者やほかの集団，あるいは社会全体の❶と対立・衝突

❷＿＿＿＿……対立や衝突を調整し，すべての人にとって望ましい解決策について考えること

↑ ❷について考える時，公正に選択・判断することが求められる

公正……❸＿＿＿＿の公正さ・❹＿＿＿＿の公正さ・❺＿＿＿＿の公正さが実現されているか考える

（2） 選択・判断の手がかりとなる考え方

①**行為の❻＿＿＿＿である個人や社会全体の❼＿＿＿＿を重視する考え方**

……すべての人々の❼などの充足を全体として最大限にもたらすような行為ほど道徳的に正しいとする，❽＿＿＿＿的な考え方

②**行為の❾＿＿＿＿となる公正などの❿＿＿＿＿を重視する考え方**

……予測される結果にかかわりなく，人間には従うべき❿的な制約があり，それに基づいて行動することが正しい行為であるとする考え方

2 実社会の事例から考える

（1） 環境保護

【事例】鞆の浦⓫＿＿＿＿権訴訟

大規模な開発の是非を選択・判断する際に，それぞれの主張の根底にある考え方を理解することが大切

──→私たちは地球という大きな⓬＿＿＿＿（**エコシステム**）の一員であり，その環境を守り，それを次の世代に引き継ぐ責任がある

（2） 生命倫理

【事例】⓭＿＿＿＿**法**の改正

国会で審議される法案について，私たちが選択・判断する際に，それぞれの主張の根底にある考え方を理解することが大切

・⓮＿＿＿＿が胎児の選別につながらないか

・遺伝子治療で当事者のプライバシーが十分に保護されるか

・延命治療に対する⓯＿＿＿＿の主張，⓰＿＿＿＿の是非をめぐる議論

──→人間らしい**人生の質**（⓱＿＿＿＿）を保つことが，人間としての「義務」であるとの考え方の理解が大切

p.11 クイズの答え ①

チャレンジしよう

1 Think & Try 「共有地の悲劇」の思考実験から，現代社会の課題を考えよう。

(1) 次のような状況の時，あなたは羊を増やすことで利益を得られるだろうか。

100人の羊飼いがそれぞれ10頭の羊を飼っており，毎年1頭あたり1万円の利益が出る。今，あなたはもう1頭羊を追加することを考えている。しかし，もう1頭増やすと牧草が不足して，すべての羊1頭あたり100円の損失が出る。

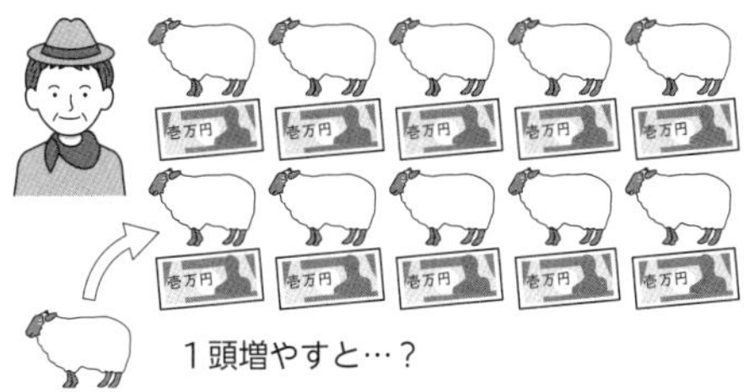

ヒント 次の計算式で考えよう。
あなたの利益＝新しい羊の利益－ほかの羊からの損失

(2) (1)の時，あなたが羊を1頭増やすことで，共有地全体には，どのような影響があるだろうか。

ヒント 牧草の不足によるほかの羊飼いの損失額＝(10頭×99人)×損失額
あなたも含めた共有地全体の利益＝あなたの利益－牧草の不足によるほかの羊飼いの損失額

(3) (1)，(2)の実験から，個人が利益を自由に追い求めると，結局社会全体の利益を失ってしまうことがわかる。このようなことが実際の社会で起きている例をあげてみよう。

2 Think & Try 「トロッコ問題」の思考実験から，現代社会の課題を考えよう。

次のような状況の時，あなたはどのような選択・判断をおこなうだろうか。また，その判断基準はどのような考えに基づくものだろうか，自分の考えを書こう。

あなたは線路の分岐点にいる。目の前の線路を制御不能になったトロッコが走っている。トロッコの行き先には5人の作業員が線路上で作業をしており，このまま何もしなければ，5人の作業員がトロッコにひかれて死んでしまう。
しかし，あなたが分岐点で線路を切りかえれば，1人の作業員が作業をしている線路へと切りかわり，その作業員がトロッコにひかれて死ぬかわりに5人は助かる。そして，あなたは線路を切りかえる以外の手段はとれない。

Check!

①私たちがよりよく生きたり，社会のあり方を考えたりする際の思考の枠組み。
…………………………(　　　　　　　　　　)

②行為の結果である社会全体の幸福の最大化を目的とする考え方。……(　　　　　　　　　　)

③地球の生態系を守る立場から提唱されている考え。……………………(　　　　　　　　　　)

④末期状態の患者が延命治療を拒否して自然な死を選択すること。……(　　　　　　　　　　)

⑤人間らしい人生の質。………………………………………………(　　　　　　　　　　)

Qクイズ 社会全体で無駄をはぶく考え方はどれでしょう？　①対立　②効率　③公正

人間と社会のあり方についての見方・考え方(2)

1 行為の結果である個人や社会全体の幸福を重視する考え方

❶＿＿＿＿＿＿**主義**

……行為の❷＿＿＿＿＿＿である全体の幸福量が最大になることをめざす

①イギリスの❸＿＿＿＿＿＿によって確立

「❹＿＿＿＿＿＿」……幸福の❺＿＿＿＿＿＿を重視

②イギリスの❻＿＿＿＿＿＿……幸福の❼＿＿＿＿＿＿を重視

個人の幸福と社会全体の幸福の調和を実現するために必要なのは，計算ではなく❽＿＿＿＿＿＿を思う良心

2 行為の動機となる公正などの義務を重視する考え方

ドイツの哲学者❾＿＿＿＿＿＿

・なぜその行為を選ぶのかという，行為の❿＿＿＿＿＿＿を重視

・⓫＿＿＿＿＿＿**法則**……時代や国にとらわれず，誰もが従うべき法則。「もし…ならば」などの条件はつかず，たんに「…せよ」という形で表現される（⓬＿＿＿＿＿＿）

・⓭＿＿＿＿＿＿……人間は自律的な意志によって⓫的な行為をする主体

3 人類の福祉の向上

功利主義では個人の自由は尊重されるが，⓮＿＿＿＿＿＿も生む

──→功利主義では切り捨てられかねない弱者を救う思想が生まれる

①アメリカの思想家⓯＿＿＿＿＿＿

⓰＿＿＿＿＿＿**としての正義**

……裕福な人々は，貧しい人々の状況を改善する役割を果たすことを前提に，自分の利益を得ることができる

②インド出身の経済学者⓱＿＿＿＿＿＿

豊かな生活とは，何かしようと考えた時におこなうことができる能力（⓲＿＿＿＿＿＿）を実現すること

4 人間としてのあり方生き方

行為の選択の背景には，自分がいかに生きるべきかという考えがあることも

①古代ギリシャの思想家⓳＿＿＿＿＿＿

よく生きることは，人間としてのすばらしさ（⓴＿＿＿＿＿＿）を発揮すること

②⓳の影響──→㉑＿＿＿＿＿＿や㉒＿＿＿＿＿＿

㉑……私たちは階級に応じた⓴を身につける必要がある

㉒……私たちは行為を選択する際，両極端を避けた㉓＿＿＿＿＿＿をとることで，よりよく生きることができる

「嘘をつく」という行為について，どのように考えるだろうか。自分の意見を書こう。

メモ

無条件で「…せよ」と表現される⓬に対して，「…されたいならば」という条件つきで行為が選択されることを「仮言命法」という。

メモ

㉓はギリシャ語の「メソテース」を訳したものになるが，メソテースとは「向こう見ず」と「臆病」の中間＝勇気，「けち」と「浪費」の中間＝気前のよさ，などを示す。儒教において㉓ということばが示されている。

p.13クイズの答え　②

チャレンジしよう

1 ？自分の行為の選択について，結果 と 義務 から考えよう。

(1) 右図のヒロトとあおいの立場は，結果 と 義務 のどちらにあたるか，あてはまる方に○をつけよう。

ヒロト（ 結果 ・ 義務 ）

あおい（ 結果 ・ 義務 ）

→図 電車で席を譲る時

(2) (1)のそれぞれの考え方の功罪について，自分の考えを書こう。

2 自分の行為の選択について，「人間としてのあり方生き方」から考えよう。

教科書p.31図9を参考にして，「好きでない人から告白された」場合にとる行為について，その根底にある考えや行動を考え，①～③の空欄に書きこもう。

結果 から考えると	義務 から考えると	「理想のよい生き方」から考えると
①	②	自分は他人とどのような関係でいたいのか
▼	▼	▼
はぐらかす	はっきりと断る	③

3 自分のことばで書こう。

インド出身の経済学者センは，「不遇な立場にある人」にとっても，「機会が平等にある」必要性を訴えたが，それは具体的にどのような対策が考えられるだろうか。例をあげてみよう。

Check!

①「最大多数の最大幸福」を唱えた哲学者。……………………………………（　　　　　　　）

②「人間は自律的な意志によって道徳的な行為をする主体」について，カントが名づけた呼び方。

……………………………（　　　　　　　）

③功利主義が生む格差に対して，「公正としての正義」を唱えた思想家。（　　　　　　　）

④ソクラテスが唱えた，人間としてのすばらしさ。……………………………（　　　　　　　）

⑤「階級に応じた④」の必要性を唱えた，古代ギリシャの思想家。………（　　　　　　　）

Qクイズ J.S.ミルのことば「満足な豚であるより，不満足な○○である方がよい」の空欄にあてはまる語は何でしょう？ ①牛 ②神 ③人間

8 人間の尊厳と平等，個人の尊重

現在の日本は男女共同参画社会が実現していると思うか，そう考える理由もあわせて書こう。

メモ
雇用全体に対する非正規雇用の割合は，男性22.2%，女性53.4%（2022年）と，圧倒的に女性の非正規雇用率が高いことがわかる。

1 人間の尊厳と平等

・私たちは，誰もが侵すことのできない❶＿＿＿＿をもつ
──→他者の人格や❷＿＿＿＿を傷つけることや❸＿＿＿＿は許されない
・私たちは，尊厳ある存在として❹＿＿＿＿に扱われなければならない
←──→社会には❹に反する例が見られる（男女の雇用，人種差別など）
──→背景には，他者に対する❺＿＿＿＿や❻＿＿＿＿
おたがいの風習と生活を知らないことは，人類の間に疑惑と不信を起こし，それによって戦争が起きる（❼＿＿＿＿憲章）
公共的な空間においては，たがいの尊厳を認めあい，自由と❹の下に生きていける社会の形成をめざさなければならない

2 個人の尊重

公共的な空間における個人
・それぞれ別の人格だが，尊厳をもつ存在としてすべて❽＿＿＿＿
・個人の❾＿＿＿＿関係によって公共的な空間は成り立っている
──→関係の根底に，たがいの人格を認めあう❿＿＿＿＿の精神と，個人として尊重しあう⓫＿＿＿＿**の保障**の考えの共有が必要
──→⓬＿＿＿＿に見られる不当な個人の抑圧や差別はこの原理に反する
個人の尊重の実現は⓭＿＿＿＿の目標

3 民主政治の発展を支えた思想

⓮＿＿＿＿**説**
……⓯＿＿＿＿**権**を守るために人々が契約を結んで国家をつくる
①⓰＿＿＿＿（英）　主著『⓱＿＿＿＿』
自然状態：「⓲＿＿＿＿**闘争**」
社会契約：人間は恐怖と理性によって契約を結んで国家をつくる。市民は⓯権を統治者に⓳＿＿＿＿し，国家の保護を受ける
②⓴＿＿＿＿（英）　主著『㉑＿＿＿＿』
社会契約：市民の⓯権の一部を国家に㉒＿＿＿＿する。国家が⓯権を侵害した場合，市民は㉓＿＿＿＿**権**を行使できる
──→㉔＿＿＿＿主義を理論づける
③㉕＿＿＿＿（仏）　主著『㉖＿＿＿＿』
社会契約：市民の⓯権は共同体に⓳する。市民の**一般意思**に基づく㉗＿＿＿＿制を主張

p.15 クイズの答え　③

チャレンジしよう

1 見方・考え方 人間の尊厳と平等，個人の尊重について考えよう。

(1) 右図から，日本の女性の雇用について，各国とくらべて気づいたことを書き出そう。また，その原因についても考えよう。

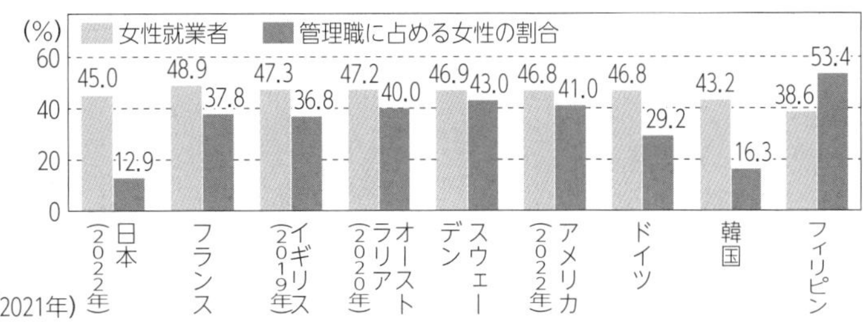

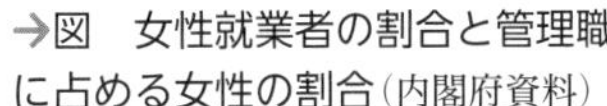
→図 女性就業者の割合と管理職に占める女性の割合(内閣府資料)

(2) (1)のように，現代社会の問題のなかで，人間の尊厳と平等，個人の尊重の基本的原理に従っていないものにはどのようなものがあるのか，あげてみよう。またその問題に対して，現代社会はどのようなルールを定めているか，調べよう。

問題
ルール

2 民主主義と人権保障のあゆみについて，空欄に適切な語句を入れ，年表をまとめよう。

年(国名)	事 項	年(国名)	事 項
1215(英)	①　　(大憲章)	1789(仏)	フランス革命(～1799年)
1628(英)	権利請願(王権を制限)		⑧
1651(英)	ホッブズ『②　　』	1863(米)	⑨　　，奴隷解放宣言
1688～89(英)	③　　革命(議会の権利拡大)	1917(ロ)	ロシア革命
1690(英)	④　　『市民政府二論』	1919(独)	⑩　　憲法
1748(仏)	⑤　　『法の精神』	1920	⑪　　成立
1762(仏)	⑥　　『社会契約論』	1941(米)	四つの⑫
1776(米)	バージニア権利章典	1945	⑬　　成立
	⑦　　独立宣言	1948	⑭　　宣言
1787(米)	アメリカ合衆国憲法制定(1788年発効)	1966	⑮　　規約

Check!

①法律で差別を禁止するだけでなく，事実上の平等を達成するための方法として考案されたもの。
…………………………(　　　　)

②第一次世界大戦後にイタリアやドイツで台頭した全体主義の一つ。…(　　　　)

③理性によって秩序づけられた普遍的な法則。…………………………(　　　　)

④社会契約説を背景として近代ヨーロッパやアメリカで起きた動き。…(　　　　)

Q クイズ　人権にかかわる条約のなかで，日本が未批准のものはどれでしょう？　①難民条約　②障害者権利条約　③死刑廃止条約

9 民主主義と法の支配

教科書 p.36図1を見ると，日本は特に「政治参加」の分野のスコアが低いが，なぜだろうか。

メ モ

現代の国家は，広い領土に多くの人間が生活しているため，完全な❺の実現は難しく，❻などの**間接民主制**が採用されている国が多い。

メ モ

❿には自然法と実定法があり，実定法には⓫以外に，慣習が強制力をもつようになった慣習法（不文法）がある。

1 私たちと政治

❶＿＿＿＿のはたらき

・❷＿＿＿＿や地方公共団体のはたらき（一般的な意味）

・社会の対立・紛争について，意見や利益を調整し，解決に導くこと（広い意味）

2 民主主義

民主主義……❸＿＿＿＿の原理に基づき，❹＿＿＿＿の意思に従って政治がおこなわれるべきとする考え方

・❹が政治に直接参加する❺＿＿＿＿と，選挙で選んだ代表者の議会を中心に政治をおこなう❻＿＿＿＿がある

・結論が一致しない場合には，❼＿＿＿＿などの方法で決める

・開かれた❽＿＿＿＿や❾＿＿＿＿の意見の尊重など，おたがいを尊重しあうことが民主主義の前提

3 法の支配と立憲主義

(1) ❿＿＿＿＿……社会規範のなかで，国家によって強制されるもの

現在：明確な文書の形をもった⓫＿＿＿＿（成文法）が中心

(2) ⓬＿＿＿＿

……政治権力は法によって規制され，法に基づいて行使されるという考え

現在：⓭＿＿＿＿が『**法の精神**』で唱えた⓮＿＿＿＿と結びつき，権力の抑制・均衡により公正な民主政治を守るしくみに

(3) ⓯＿＿＿＿……⓰＿＿＿＿を法律よりも上位の法とし，⓰により政治権力を抑制するという考え

現在：⓱＿＿＿＿によって，少数者の基本的人権を守る

4 さまざまな政治体制

(1) ⓲＿＿＿＿**制**（イギリス，日本などで採用）

……議会で選ばれた首相によって内閣が組織され，議会の⓳＿＿＿＿によって内閣が存在する

(2) ⓴＿＿＿＿**制**（アメリカなどで採用）

……国民によって選ばれた⓴が国家元首となり，行政の首長として政治をおこなう→㉑＿＿＿＿が厳密におこなわれる

(3) ㉒＿＿＿＿**制**（中国などの社会主義国で採用）

……すべての権力が一党に集中する制度

(4) ㉓＿＿＿＿（発展途上国で見られる）

……人権保障よりも経済発展を優先する

p.17 クイズの答え　③

チャレンジしよう

1 Think & Try よりよい多数決のあり方について考えよう。

(1) 右図の場合，どうすればより多くの生徒が納得する形で決めることができるか，自分の考えを書こう。

文化祭の出し物
A案：焼きそば屋　15
B案：お化け屋敷　13
C案：ミュージカル　12

B案とC案の人数を足すと，A案より多いけど…

↑図　文化祭の出し物を決める

(2) 次の二つの主張は，選択・判断の考え方の結果と義務のどちらをもとにしたものといえるだろうか。あてはまる方に○をつけよう。

①ある課題に対して，多くの人の賛成を得た回答を選ぶ多数決は，社会全体の幸福が最大限になる選択・判断をおこなうことができる。（　結果　・　義務　）

②ある課題に対して，少数者の意見が反映されない決め方は，公正でない。少数者の意見が尊重できる決め方が必要である。（　結果　・　義務　）

2 見方・考え方 民主主義について考えよう。

(1) 教科書p.36図3のナチスのような状況を防ぐために，議会制民主主義の原理はどのような役割を果たしているだろうか。　ヒント　教科書p.36図2を読み，ナチスの暴走を防ぐために何が必要か考えよう。

(2) 議院内閣制と大統領制において，国民はどのような役割をもっているだろうか。

議院内閣制	大統領制

3 自分のことばで書こう。

直接民主制と間接民主制の特徴をまとめ，なぜ現在は多くの国が間接民主制を採用しているのか考えよう。

Check!

①国民が選挙で選んだ代表者による議会を中心にする政治。…………………（　　）

②政治権力は法によって規制され，法に基づいて行使されるという考え。…（　　）

③著書『法の精神』で三権分立を唱えた人物。………………………………（　　）

④憲法を最高法規とし，それにより政治権力を制限するという考え。……（　　）

⑤イギリスで，野党が政権交代にそなえて組織するもの。…………………（　　）

Qクイズ　与野党が向かいあう議場で，最前列の前に「剣線」が引かれている国はどこでしょう？　①日本　②イギリス　③アメリカ

10 自由・権利と責任・義務

ごみを減らすために，自分で工夫していることがあるだろうか。

メ モ

❼は，「満足した豚であるより，不満足な人間である方がよい」として，人生の目的は，肉体的❺ではなく，精神的❺を得ることであるとした。

1 私はどこまで自由か

(1) 個人の自由……現代の社会では最大限に尊重される

↑ ⟶個人の幸福にとって不可欠であるから

❶＿＿＿＿の権利を侵害してしまう場合は，制限されうる

⟶無制限の自由は社会における協働関係を妨げるから

日本国憲法では，❷＿＿＿＿ということばで示されている

(2) ❸＿＿＿＿……❹＿＿＿＿**主義**を提唱

・幸福とは❺＿＿＿＿の追求であり，特定の少数者に独占されてはならない

・「❻＿＿＿＿」

……できるだけ多くの人が幸福にあずかり，同時に，社会全体の幸福も最大となる社会をつくり出そうという考え

(3) ❼＿＿＿＿……❺の質に着目

・高級な❺……人間の❽＿＿＿＿や品位に応じたもの

・低級な❺……❾＿＿＿＿の充足のみを求めるもの

・❿＿＿＿＿**の原則**……個人の行為が❶の生命，安全あるいは財産を損なう場合に限り，その個人に一定の制裁を加えてもよい

⟶❶に危害をおよぼさない限り，個人の自由は最大限尊重されるべきであるという考え方

2 自由・権利と責任・義務

(1) 自由・権利の行使＝責任・義務をともなう

⟶自分と他者の自由や幸福はつながっている

⟶責任・義務を果たすことにより，自己の⓫＿＿＿＿をいかすことができる

(2) 人間の尊厳と平等，個人の尊重のために

・寛容の精神をもって，価値観の⓬＿＿＿＿を認める

・社会のあり方を決める際には，⓭＿＿＿＿や⓮＿＿＿＿に基づく決定

・一人ひとりが自由・権利と責任・義務について自覚

(3) 将来世代への責任

・⓯＿＿＿＿世代の利益が，将来世代まで継続することが期待される

・個人の意思決定を支援する制度や取り組みについても考える

⟶⓰＿＿＿＿制度や外国人支援の充実

p.19クイズの答え ②

チャレンジしよう

1 Think & Try 「最後通牒ゲーム」の思考実験から，自分と他者について考えよう。

次のような場合，ＢさんとＣさんの二人が，ともに納得する分け方をするためには，どのような工夫が必要だろうか。自分の考えを書こう。

> Ｂさんは A さんが持つ１万円をもらい，Ｃさんと二人で分けることになった。1万円をどう分けるかは，Ｂさんが決める。その際，ＣさんはＢさんの分け方が不満なら拒否できる。ただしＣさんが拒否したら，二人とも１円ももらえず，１万円はＡさんに戻る。

2 「自由」について考えよう。

(1) 次の①～⑤を，駅や電車のなかで「おこなってよいこと」(○)，「おこなうべきではないこと」(△)，「おこなってはいけないこと」(×)に分けて，記号を書こう。

①特別な事情もなく優先席に居すわり，お年寄りや妊婦を見かけても席を譲らない。　(　　)

②切符を購入する時，目的地にあわせて降車する駅の切符を購入する。　(　　)

③順番を待っている人たちの列に割りこみ，乗車する。　(　　)

④売店で，無銭飲食をする。　(　　)

⑤乗車した時，空席があっても腰かけない。　(　　)

(2) 見方・考え方 私たちの身近なところで，「自分の自由」と「他者の自由」が衝突する事例をあげよう。そしてそれにはどのような解決策がとられているかを調べよう。

3 「公共的な空間における基本的原理」についてまとめよう。

次の言葉を使用し，公共的な空間における基本的原理とはどのようなことか，自分のことばで書こう。

〔人間の尊厳と平等，個人の尊重　　民主主義　　法の支配　　自由・権利と責任・義務〕

Check!

①「最大多数の最大幸福」を唱えた功利主義の思想家。…………………………(　　　　)

②快楽の質を重視した功利主義の思想家。…………………………………………(　　　　)

③他者に危害をおよぼさない限り，自由は最大限尊重されるという考え。(　　　　)

④自由や権利の行使にともなって負わなければならないもの。………………(　　　　)

⑤日本国憲法で人権を制限する根拠となる考え方。……………………………(　　　　)

Qクイズ　J.S.ミルが重視した「隣人愛」とは，どの宗教の考え方でしょう？　①キリスト教　②イスラーム　③仏教

11 日本国憲法に生きる基本的原理

憲法を改正する理由／改正しない理由には，どのような意見があるだろうか。教科書 p.42図❶から見てみよう。

メモ

❻は，GHQ の総司令官であったマッカーサーが示した方針で，①天皇制の維持，②戦争放棄，③封建制度の廃止を内容とする。

メモ

日本国憲法は，女性参政権を認めた最初の衆議院議員総選挙で選ばれた議員により，大日本帝国憲法の改正という形で制定された。

1 大日本帝国憲法と日本国憲法

大日本帝国憲法（明治憲法）……1889（明治22）年発布

- ❶＿＿＿＿**主権**……❶は国の元首にして神聖不可侵，統治権を総攬
- 国民は「❷＿＿＿＿」としての権利を，❶より認められる
- ❶が陸海軍の❸＿＿＿＿をもつ

　……内閣や議会のコントロールを受けない

⟶❹＿＿＿＿の採用が不十分⟶軍部が台頭し，戦争への道を歩む

2 日本国憲法の成立

（1）日本国憲法成立までの流れ

1945（昭和20）年８月　❺＿＿＿＿の受諾⟶終戦

政府の憲法改正案が大日本帝国憲法の部分的な改正にとどまる

⟶GHQ は❻＿＿＿＿に基づく憲法草案の提示

⟶GHQ案をもとに憲法改正案を作成，帝国議会における修正・可決

1946年11月３日　**日本国憲法**公布（1947年❼＿＿＿＿施行）

（2）日本国憲法の三つの基本原理

①❽＿＿＿＿主権　②❾＿＿＿＿の尊重

③❿＿＿＿＿主義

3 憲法に生きる基本的原理

（1）人間の尊厳と平等，個人の尊重

「すべて国民は，⓫＿＿＿＿として尊重される。」（第13条）

「すべて国民は，⓬＿＿＿＿の下に平等」（第14条）

（2）民主主義と法の支配

①民主主義：⓭＿＿＿＿**制**

⓮＿＿＿＿は⓯＿＿＿＿に対して連帯責任を負う

②法の支配：**裁判所**に⓰＿＿＿＿権を定めるなど

③自由・権利と責任・義務：⓱＿＿＿＿の福祉

基本的人権は他人の人権との関係で一定の制限を受ける

4 憲法の最高法規性

（1）改正手続きが厳格な⓲＿＿＿＿

改正には，両院における総議員の⓳＿＿＿＿以上の賛成で発議し，⓴＿＿＿＿で過半数の賛成が必要

（2）憲法改正の限界……国民主権，基本的人権の尊重，平和主義は，憲法改正によっても廃止できない⟶㉑＿＿＿＿に由来

　p.21 クイズの答え　①

チャレンジしよう

1 日本国憲法について，表の空欄に適切な語句を書きこみ，特徴をまとめよう。

大日本帝国憲法		日本国憲法
①＿＿＿＿主権	主権	②＿＿＿＿主権
国の元首。③＿＿＿＿権の総攬者	天皇	国の④＿＿＿＿。国事行為のみをおこなう
天皇に統帥権。国民に兵役の義務	戦争・軍隊	⑤＿＿＿＿主義
「⑥＿＿＿＿」としての権利	国民の権利	永久不可侵

2 三権分立について，日本の政治のしくみの図を使って考えよう。

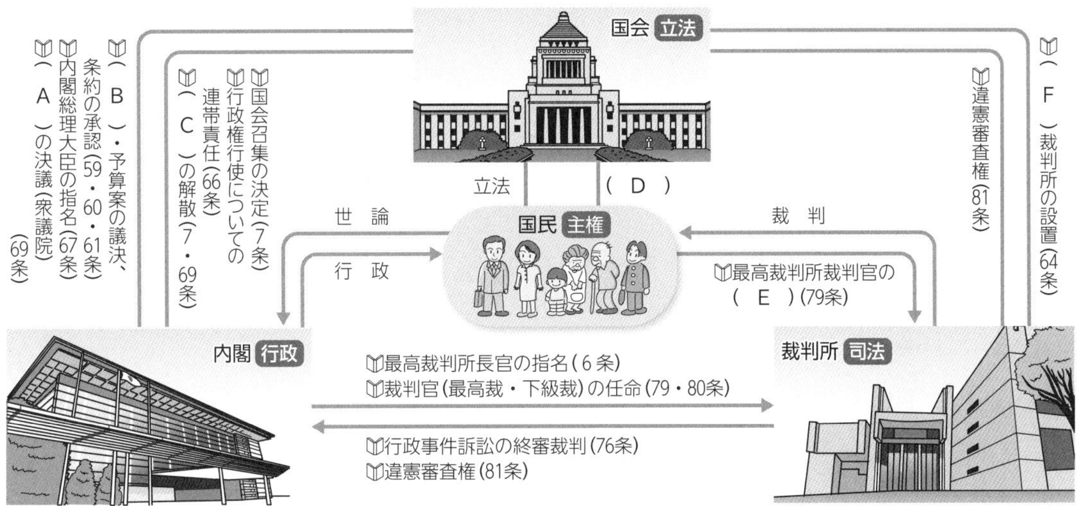

(1) 国会と国民・内閣・裁判所との間に，矢印のさす向きを入れよう。

ヒント 国会と国民・内閣・裁判所がおたがいにどのような関係にあるかを考える。

(2) 図のA～Fにあてはまる語句を書きこもう。

A (　　　　　　) B (　　　　　　) C (　　　　　　)

D (　　　　　　) E (　　　　　　) F (　　　　　　)

3 自分のことばで書こう。

基本的人権の尊重が，憲法改正によって廃止できない理由を，自分の言葉でまとめよう。

ヒント 教科書p.37で学んだ立憲主義の考え方をもとに，基本的人権が尊重される理由を考えてみよう。

Check!

①日本に第二次世界大戦の降伏を促した連合国の宣言。……………………(　　　　　　)

②GHQが提示した，天皇制の維持などの三つの原則。……………………(　　　　　　)

③象徴天皇制において，内閣の助言と承認の下で天皇に認められた行為。(　　　　　　)

④内閣が国会に対して連帯責任を負う制度。………………………………(　　　　　　)

⑤法律よりも改正手続きが厳格な憲法。……………………………………(　　　　　　)

Qクイズ 明治憲法に規定がなかったものはどれでしょう？　①国民の権利　②憲法改正　③地方自治

12 演習問題①

1　青年期に関する次の文章を読んで，下の問いに答えよ。　▶教科書 p.8～12

私たちは，①人間のライフサイクルのなかで，子どもからおとなへと大きく変容し成長をとげる時期にさしかかっている。この時期の変化は，身体的には（　1　）による「性のめざめ」と，親から（　2　）し自分というものを確立しようとする「（　3　）のめざめ」という形であらわれてくる。また，自分自身の判断で行動したいという②欲求が強まる。

この時期は，公共的な空間のなかでみずからを成長させる時期である。周囲の社会環境に（　4　）しながら行動していくことが求められているので，自分の欲求がすべて思いどおりになるわけではない。このような時に，人は欲求不満や（　5　）とよばれる状態に陥り，（　6　）を感じる。その際（　3　）を傷つけないで，自分自身の内部で（　7　）のうちに解決していこうとするはたらきがある。こうした③防衛機制とよばれる心のはたらきによって，失敗や挫折を乗りこえていくことができる。

健全で幸福な成長のためには，人生のそれぞれの時期に見あった知識や態度などを身につける必要がある。こうした年齢に応じた発達段階において達成すべき課題を④発達課題という。

問１　文中の空欄（1）～（7）に適する語句をア～キより選び，記号で答えよ。　知・技

ア．葛藤　　イ．無意識　　ウ．不適応感　　エ．自立　　オ．第二次性徴　　カ．適応　　キ．自我

問２　下線部①について，この時期を何とよぶか漢字３字で答えよ。　知・技

問３　下線部②について，アメリカの心理学者マズローは欲求の五階層を示した。そのなかで一番低次元のものは生理的欲求（飢え，乾き，睡眠など）だが，一番高い次元は何の欲求か。　知・技

問４　下線部③について，次のア～オの行動は何とよばれるか，語群から選んで答えよ。　思・判・表

ア．自分の嫌なところを他人のせいにする　　イ．嫌なことを忘れようとする

ウ．病気や空想の世界に逃げこむ　　エ．自分をすばらしい地位の人と同じだと思いこむ

オ．実際とは逆の態度や行動の型を誇張する

〔　同一視　　反動形成　　逃避　　投射　　抑圧　〕

問５　下線部④について，ハヴィガーストが唱えた青年期の発達課題にあてはまらないものを選び，記号で答えよ。　知・技

ア．経済的に自立すること　　イ．社会的に責任ある行動をとること

ウ．成人式という通過儀礼を経ること

問６　下線部④について，青年期の発達課題を「アイデンティティの確立」と主張したアメリカの心理学者の名前を答えよ。　知・技

<table>
<tr><td>問１</td><td>1</td><td></td><td>2</td><td></td><td>3</td><td></td><td>4</td><td></td><td>5</td><td></td><td>6</td><td></td><td>7</td><td></td></tr>
<tr><td>問２</td><td colspan="6"></td><td>問３</td><td colspan="7"></td></tr>
<tr><td>問４</td><td>ア</td><td></td><td>イ</td><td></td><td>ウ</td><td></td><td>エ</td><td></td><td>オ</td><td colspan="5"></td></tr>
<tr><td>問５</td><td colspan="6"></td><td>問６</td><td colspan="7"></td></tr>
</table>

　p.23 クイズの答え　③

2 伝統文化や宗教とのかかわりについて，次の①～⑤の説明文が正しければ○，誤っていればXを記入せよ。 思・判・表

▶教科書 p.16～19

①日本人は，自然界のあらゆる事物や現象に精霊が宿るとするアニミズムの考えを受け継いできた。

②イスラームでは日常生活で豚肉やアルコールをとってはいけないなど，日本とは違う規定があり，配慮が必要である。

③日本の祭りは，神とともにする行事であるから，日常的なケの行事ではなく，非日常的なハレの行事とみなされる。

④鎌倉仏教が人々に浸透していった理由は，開祖たちが説く教えがわかりやすく，誰にでもできる行(易行)を特徴としていたからである。

⑤キリスト教の開祖イエスは，慈悲の心をもつことの大切さを説いた。

①		②		③		④		⑤	

3 日本国憲法に生きる基本的原理に関する次の文章を読んで，下の問いに答えよ。

▶教科書 p.32～43

日本国憲法は，大日本帝国憲法下の政治を反省し，①立憲主義の思想に基づき制定された。大日本帝国憲法は(　1　)主権の原理に立ち，国民の権利が自然権思想によるものでなかったり，陸海軍が内閣や議会のコントロールを受けないなど，立憲主義の採用が十分でなかった。このため日本は軍部が台頭し，(　2　)主義の下で戦争への道を歩んだ。

日本国憲法は国民主権を規定するとともに，すべての国民に「侵すことのできない永久の権利」として(　3　)を保障している。そして，徹底した(　4　)主義に立ち，過去の侵略戦争の反省の下に日本国民の(　4　)への念願と決意を表明している。

民主主義のしくみについては，国会が(　5　)を指名し，内閣は行政機関を指揮監督し，②行政権について国会に対して連帯責任を負う。さらに，行政裁判にも司法権がおよぶこと，特別裁判所を認めないこと，適正な手続き，そして裁判所の(　6　)を定めて，法の支配の原理を採用している。

問1 文中の空欄(1)～(6)に適する語句をア～カより選び，記号で答えよ。 知・技

ア．内閣総理大臣　イ．平和　ウ．天皇　エ．違憲審査権　オ．軍国　カ．基本的人権

問2 下線部①の説明として，正しいものを選び，記号で答えよ。 思・判・表

ア．基本的人権を保障する憲法を，法律より上位の法(最高法規)として，憲法により政治権力を制限するという考え方。

イ．政治は法を制定するが，それと同時に政治権力は法によって規制されないとする「法の支配」の原理は，多くの現代国家において立憲主義の思想としてあらわれている。

ウ．基本的人権を保障する憲法は，国民の意見を反映しなければならないため，比較的容易に改正できるようになっている。

問3 下線部②はイギリスの政治体制をもとに採用されたが，何とよばれる制度か。 知・技

問1	1		2		3		4		5		6	
問2			問3									

13 私たちと法／法と基本的人権

通学時に見られるルールをあげ，その目的と手段を見なおしてみよう。

1 私たちと法

(1) 法とは何か

法……❶＿＿＿＿のうち，国家がつくり，強制力をもつもの

法の役割　①社会の❷＿＿＿＿を維持する　②人々の活動を促進する

③トラブルを防ぐ，解消する　④❸＿＿＿＿を分配する

❹＿＿＿＿制度

……法に基づき，公正な手続きを通じてトラブルを解決するしくみ

(2) ルールをつくる時の条件

・ルールに関係する❺＿＿＿＿の人が，ルールをつくる過程に参加する

・❻＿＿＿＿に配慮し，❺者の専制に陥らないようにする

(3) ルールの評価と法の限界

①❼＿＿＿＿の相当性……目的達成のために役立つか，❼として適切か

②❽＿＿＿＿性……意味が❽で複数の解釈ができないか

③❾＿＿＿＿さ……立場を入れかえても受け入れられるか

＊個人の❿＿＿＿＿に関することは法で決めることはできない⟶法の限界

2 法と基本的人権

(1) 憲法と基本的人権

⓫＿＿＿＿**権**思想をふまえ，**基本的人権**を

「侵すことのできない⓬＿＿＿＿の権利」(第11，97条)と定める

(2) 基本的人権と法

①⓭＿＿＿＿……⓮＿＿＿＿**主義**に基づき，国民の権利を国家から守る法

②⓯＿＿＿＿……企業や消費者の間の取り引きなどに関する法

⓯では，基本的人権は法律をとおして間接的にしか適用されない

⟶国家権力に頼らずみずから利害を調整する⓰＿＿＿＿**の原則**

(3) 基本的人権の主体

日本国憲法は，すべての⓱＿＿＿＿に基本的人権を保障している

・未成年者……判断能力が十分でないことから，人権の行使が制限

・外国人……法律の国籍条項により権利を制限

(4) 法が公正であるために

基本的人権は⓲＿＿＿＿によって一定の制限を受ける

⟷社会全体の利益のために⓳＿＿＿＿の幸福を犠牲にしてはいけない

⟶基本的人権をおたがいに⓴＿＿＿＿し，国民が自由に行動できる範囲を明らかにするのが㉑＿＿＿＿の役割

メモ

基本的人権は，日本国憲法において法の下の平等，自由権，社会権，参政権，国務請求権という形で保障されている。また，憲法に規定のない新しい人権のなかにも，保障されているものがあると考えられている。

メモ

外国人の権利は，参政権や国家公務員（現業職を除く）への任用が禁止されているが，それ以外は地方公共団体の裁量などにより保障されているものと考えられている。

チャレンジしよう

1 ？ルールについて，具体的な事例から考えよう。

(1) いかなる場所・どんな時にも「歩きスマホ」を禁止する法律ができたら，それは多くの人が納得できるだろうか。次の①～⑤の立場から３つ取り上げて考えよう。

①鉄道会社　②車いすの人　③携帯電話会社

④スマートフォンを持たない人　⑤緊急でメールの返信をする必要がある人

(2) (1)で考えた内容をふまえて，このルールを評価しよう。

2 Think & Try ごみ置き場のルールをつくろう。

教科書 p.47図4の場合，どこにごみ置き場を置けばよいか考えよう。

3 法の分類について，図を使って考えよう。

(1) 図のなかのＡ～Ｅにあてはまる語句を下の語群から選び，記号を書きこもう。

Ａ(　　　)　Ｂ(　　　)

Ｃ(　　　)　Ｄ(　　　)

Ｅ(　　　)

〔語群〕 ア．国際慣習法　イ．社会法

ウ．条約　エ．公法　オ．私法

(2) 六法にあてはまるものに，赤で線を引こう。

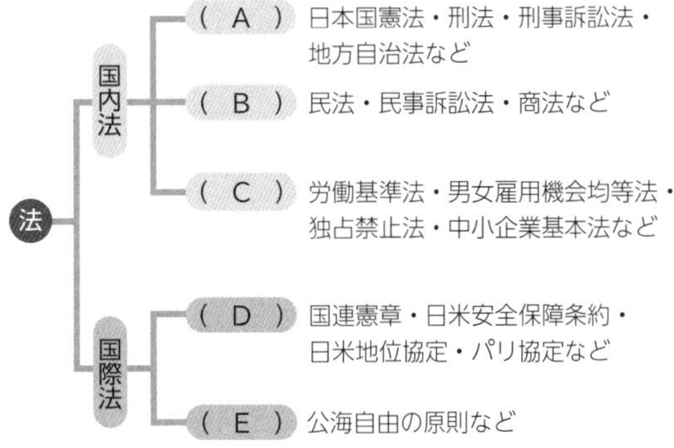

Check!

①社会規範のうち，国家がつくり，強制力をもつもの。……………………(　　　)

②公権力と国民の関係を規定する法。……………………………………(　　　)

③企業や消費者の間の取り引きなどに関する法。…………………………(　　　)

④③の分野で，国家権力に頼らずみずから利害を調整するという原則。…(　　　)

⑤他人との関係から基本的人権を制限する概念。…………………………(　　　)

Qクイズ　外国人に認められた権利はどれでしょう？　①国家公務員になる　②国政選挙の参政権　③国公立学校の教員になる

自由に生きる権利と法・規範／平等に生きる権利と法・規範

差別解消のためにおこなわれている取り組みで知っているものをあげよう。

1 自由に生きる権利と法・規範

自由権（国家❶＿＿＿＿自由）

……国家権力からの不当な干渉や侵害を排除する権利

(1) ❷＿＿＿＿**的自由**

①**内心の自由**……個人の❸＿＿＿＿や宗教といった内面にかかわるもの
国家による❹＿＿＿＿が介入しないことが求められる

②❺＿＿＿＿**の自由**……内心の思想・良心を外部に❺する自由
❻＿＿＿＿によって制限される

(2) ❼＿＿＿＿**の自由**

①奴隷的拘束および苦役からの自由

②❽＿＿＿＿**の保障**……法の定める手続きをふまえて刑を定める
❾＿＿＿＿**主義**……犯罪行為と刑罰は，法律で適正に定める

③令状主義，拷問・残虐な刑罰の禁止，裁判を受ける権利と弁護人依頼権，**黙秘権**など──→❿＿＿＿＿の防止のため

(3) ⓫＿＿＿＿**的自由**──→公正な競争のため，❻によって制限がある

①居住・移転および⓬＿＿＿＿の自由　②⓭＿＿＿＿権の保障

2 平等に生きる権利と法・規範

(1) **法の下の⓮＿＿＿＿**

・「すべて国民は，法の下に⓮であつて，人種，⓯＿＿＿＿，性別，社会的身分又は門地により，政治的，経済的又は社会的関係において，⓰＿＿＿＿されない」(第14条)

・⓱＿＿＿＿の尊厳と両性の平等(第24条)，選挙権の平等(第15，44条)，⓲＿＿＿＿の機会均等(第26条)など

(2) 差別解消に向けて

現実社会の差別……在日韓国人・朝鮮人差別，外国人差別，女性差別，障害者差別，部落差別，アイヌ民族への差別など

差別解消に向けた法制度……部落差別解消推進法，⓳＿＿＿＿**差別解消法**，⓴＿＿＿＿**機会均等法**など

(3) 家庭生活やライフスタイルと平等

・㉑＿＿＿＿**訴訟**……親から暴力や虐待を受けた子の犯罪に対する訴訟

・㉒＿＿＿＿**法**……配偶者などによる暴力や虐待を防止

・性的指向や性自認に対する不当な偏見や差別の防止

メモ
日本国憲法のもととなったGHQの草案のなかに「両性の平等」を盛りこんだのは，ベアテ＝シロタという当時22歳のアメリカ人女性だった。

メモ
⓴機会均等法は，国連で締結された**女子差別撤廃条約**への批准に先立って制定された。

p.27クイズの答え　③

チャレンジしよう

1 Think & Try 死刑制度について考えよう。

(1) 死刑制度について，次のような意見は，選択・判断の考え方の 結果 と 義務 のどどちらをもとにしたものといえるだろうか。あてはまる方に○をつけよう。

①死刑があることによって，罪を犯そうという時の歯止めとなる　（ 結果 ・ 義務 ）

②冤罪の可能性がある以上，死刑はおこなうべきではない　（ 結果 ・ 義務 ）

③更生の可能性がある以上，その機会を奪うべきではない　（ 結果 ・ 義務 ）

④被害者や遺族の感情が慰められる　（ 結果 ・ 義務 ）

⑤どのような理由であれ，国家が国民の生命を奪うべきではない　（ 結果 ・ 義務 ）

(2) (1)で考えたことをふまえて，死刑制度について自分の考えをまとめよう。

2 Think & Try 夫婦別姓について考えよう。

(1) 教科書p.53であがった意見について，夫婦同姓の維持の根拠となる主張と夫婦別姓の導入の根拠となる主張に分類し，整理しよう。

①夫婦同姓を維持すべきという議論の根拠となる主張

②夫婦別姓を導入すべきという議論の根拠となる主張

(2) (1)で整理した主張をふまえて，夫婦の姓はどうあるべきか，自分の考えをまとめよう。

Check!

①国家が宗教と結びつくことを禁止する原則。……………………………（　　　　）

②重要な刑事事件で導入されている，弁護士の立ちあいや録画など。…（　　　　）

③男女平等をめざして，1979年に国連総会で採択された条約。…………（　　　　）

④婚外子の法定相続に関する民法の規定を憲法違反とした訴訟。………（　　　　）

⑤女性の再婚禁止期間を定めた民法の規定を憲法違反とした訴訟。……（　　　　）

Qクイズ　人身の自由に関する内容はどれでしょう？　①表現の自由　②法定手続きの保障　③職業選択の自由

15 安全で豊かに生きる権利と法・規範/法をよりよいものにするための権利

プライバシーが侵害されたと感じた経験はあるだろうか。あれば具体的に書いてみよう。

メモ
全国民に番号を割り当て，所得や資産などの情報を把握するマイナンバー制度に対して，⓫を侵害するのではないかという指摘がある。

1 安全で豊かに生きる権利と法・規範

(1) **社会権**(**国家❶　　　自由**)……生存の保障を国家に求める権利

①❷　　　**権**……「すべて国民は，❸　　　な最低限度の生活を営む権利を有する」(第25条)

②❹　　　を受ける権利，義務教育の無償(第26条)

③❺　　　**権**……❻　　　**の権利**(第27条)と❼　　　(団結権，団体交渉権，団体行動権)(第28条)

(2) ❽　　　**権**(新しい人権)……よりよい❽を享受する権利

・生存権と❾　　　権を根拠にして主張

・大阪国際空港公害訴訟……❿　　　権の侵害を認めた

・環境基本法や環境影響評価法(環境アセスメント法)の制定

(3) ⓫　　　権(新しい人権)

……私生活の平穏を保障する権利。❾権の一つとして保障

・⓬　　　権として捉える考え方が強まる

・⓭　　　**法**……捜査機関による電話などの傍受を認める

・⓮　　　**法**

……事業者や行政機関に個人情報の開示や訂正を求めることができる

(4) ⓯　　　**権**(新しい人権)

……自分の生き方を自分で選択できる権利。❾権の一つとして保障

・医療の現場でも⓰　　　が普及

2 法をよりよいものにするための権利

(1) ⓱　　　**権**……公務員を選定・罷免する権利(第15条)

・⓲　　　**権**(⓲をとおして政治に参加する権利)を含む

・最高裁判所裁判官の国民審査，地方特別法の住民投票など

(2) ⓳　　　**権**……人権侵害に対する救済を求める権利

・裁判を受ける権利，**損害賠償請求権**，**刑事補償請求権**，**請願権**

(3) ⓴　　　**権利**(新しい人権)……㉑　　　の自由として保障

・㉒　　　**権**……マス・メディアに対して㉑の機会を求める権利

・㉓　　　**法**……国民が政府のもつ情報を入手するしくみを定める

(4) 法をよりよいものにしていくために

㉔　　　**人権**……時代の変化に対応するために主張される権利

知る権利により問題を理解
参政権や国務請求権により法をよりよいものに
→ 公正な社会を維持する私たちの権利と責任

メモ
㉓法は⓮法と同様に開示制度の根拠となるが，㉓法の対象となるのは国家機密や個人情報を除く行政機関のもつ情報であり，⓮法の対象となるのは，自分自身に関する情報に限定される。

p.29 クイズの答え ②

チャレンジしよう

1 日本国憲法に規定する国民の権利と義務について，表をつくって考えよう。

一般原則		・基本的人権の永久①＿＿＿＿性（11，97条） ・②＿＿＿＿の尊重，生命・自由・③＿＿＿＿追求の権利（13条）
平等権		・法の下の④＿＿＿＿（14条） ・⑤＿＿＿＿の本質的平等（24条）
自由権	⑥＿＿＿＿＿＿＿＿自由	・⑦＿＿＿＿・良心の自由（19条） ・⑧＿＿＿＿の自由（20条） ・集会・結社・⑨＿＿＿＿の自由（21条）
	⑩＿＿＿＿＿＿＿＿自由	・奴隷的拘束および⑪＿＿＿＿からの自由（18条） ・⑫＿＿＿＿の保障（31条） ・不法に⑬＿＿＿＿されない権利（33条）
	経済的自由	・⑭＿＿＿＿の自由（22条） ・⑮＿＿＿＿の保障（29条）

社会権		・⑯＿＿＿＿権（25条） ・⑰＿＿＿＿を受ける権利（26条） ・勤労の権利（27条）
基本的人権を確保するための権利	⑱＿＿＿＿権	・⑲＿＿＿＿権（15条） ・最高裁判所裁判官の⑳＿＿＿＿（79条） ・憲法改正の㉑＿＿＿＿（96条）
	㉒＿＿＿＿権	・㉓＿＿＿＿権（16条） ・損害賠償請求権（17条） ・㉔＿＿＿＿を受ける権利（32，37条） ・㉕＿＿＿＿請求権（40条）
義務		・㉖＿＿＿＿を受けさせる義務（26条） ・㉗＿＿＿＿の義務（27条） ・㉘＿＿＿＿の義務（30条）

(1) 表の①～㉘に適切な語句を入れ，表を完成させよう。

(2) 表の⑲権について，日本では何歳からと定められているか。　（　　　　　）歳

(3) 表に載っていないが，安全で豊かに生きる権利や法をよりよいものにするための権利として，環境権やプライバシー権，知る権利などを学んだ。これらは新しい人権とよばれるが，何が「新しい」のだろうか。なぜ新しい人権が主張されているのだろうか。自分の考えを書こう。

2 Think & Try 自動運転と法について考えよう。

教科書p.57の意見も参考にして，自動走行車が事故を起こした時に誰がどのような責任を負うべきか，考えよう。

Check!

①健康で文化的な最低限度の生活を営む権利。……………………………（　　　　　）

②環境権やプライバシー権，自己決定権の根拠となる憲法上の権利。…（　　　　　）

③事業者に個人情報の開示や訂正を求めることができる法律。…………（　　　　　）

④過去の前科などの情報を削除するよう事業者に求める権利。…………（　　　　　）

⑤国家機密の漏えいを防止するしくみを定めた法律。……………………（　　　　　）

Qクイズ　日本国憲法に規定のない人権はどれでしょう？　①環境権　②請願権　③損害賠償請求権

16 さまざまな契約と法

教科書 p.58の約束と契約の違いをふまえ，身近な約束と契約の例を一つずつあげてみよう。

メモ

契約自由の原則とは，具体的には，次のようなことに対して個人が自由に決めることができるというものである。
- 契約を結ぶかどうか
- 契約を誰と結ぶのか
- どのような内容の契約を結ぶのか
- どのような方法で結ぶのか

1 さまざまな契約と法

(1) 生活を豊かにする契約

契約……当事者間の決めごとである❶＿＿＿＿の一つ

ある人の申しこみともう一方の❷＿＿＿＿により成立

❸＿＿＿＿が守ることを強制できる決めごと

──→一度結ばれたら守られなければならない

例：お金を払ったのに商品が渡されなかったら安心して生活できず，経済活動にも大きな影響が出る

──→契約は，人々の生活や社会を豊かにする

(2) **契約自由の原則**

- 個人間で結ばれる契約は❹＿＿＿＿が干渉せず，個人の❺＿＿＿＿を尊重する
- ❻＿＿＿＿な個人間の契約を前提とする

──→現実には，一般の消費者と事業者の間に情報量や交渉力に差

──→実質的な平等をはかるために契約自由の原則が修正されることも

2 よりよい契約を結ぶために

2022年4月から，成年年齢が❼＿＿＿＿歳から❽＿＿＿＿歳に引き下げ

(1) 成年になったらできることと責任

成年……①一人で❾＿＿＿＿できる年齢
　　　　②❿＿＿＿＿に服さなくなる年齢

──→⓫＿＿＿＿の保護がなくなる

未成年は⓫の同意を得ずにおこなった❾を⓬＿＿＿＿ことができる

←→成年は❾を結ぶかどうかを決めるのは自分──→自分が責任を負う

(2) 契約でトラブルになったらどうする

①⓭＿＿＿＿**法**

- 消費者と事業者の間にある交渉力や情報の差を考慮し，対等で⓮＿＿＿＿な契約にするために定められた法律
- 事業者の不当な勧誘によって契約した時，消費者は取り消し可能（だまされたと気づいてから⓯＿＿＿＿年以内，契約から⓰＿＿＿＿年以内）
- 契約を取り消す際には，文書を作成し，内容証明郵便で出すとよい

②契約トラブル時のおもな相談窓口

- 消費者ホットライン：☎⓱＿＿＿＿
- ⓲＿＿＿＿：生活にかかわる法的トラブルの相談を受付

　p.31 クイズの答え　①

チャレンジしよう

1 約束と契約の違いについて考えよう。

次の①～⑤のうち，契約だと思うものの番号をすべて書こう。　(　　　　　　　　)

①友人と「明日は10時にＡ駅前で待ちあわせて出かけよう」という。

②定期券を使って電車に乗る。　③Ａ駅そばのレストランでハンバーグを食べる。

④帰宅後，夕食をつくる手伝いをする。　⑤インターネットで読みたかった本を注文する。

2 契約における権利と義務の関係について，図を使って考えよう。

(1) ①～④には「権利」「義務」いずれかの語句が入る。あてはまる語句を書きこもう。

①(　　　　　　)　②(　　　　　　)

③(　　　　　　)　④(　　　　　　)

↑図　契約の権利と義務の関係

(2) 図のやりとりのなかでトラブルが発生した場合，どのような方法で解決をはかるだろうか。

(3) ？注文していない商品が届いて代金を請求された場合，契約は成立しているのだろうか。そう考えた理由もあわせて書こう。 **ヒント** 契約は，おたがいの合意があった時点で成立する。

3 いまを生きるスキル 契約でトラブルになった時にどうすればよいか考えよう。

(1) ？ニュースで見たり，自分や家族が経験したりした契約トラブルの例をあげよう。その時どのように解決したかも，わかれば書こう。

(2) 「契約解除の通知書」に必要な情報を書き出そう。

Check!

①たがいの合意により成立し，裁判所が守ることを強制できる決めごと。(　　　　　　　　)

②個人間の契約には国家は干渉せず，個人の意思を尊重するという考え。(　　　　　　　　)

③成年年齢が定められた法律。……………………………………(　　　　　　　　)

④消費者と事業者の間の交渉力や情報の差を考慮し，対等で公正な契約にするために定められた法律。

…………………………(　　　　　　　　)

Qクイズ　18歳になってもできないことはどれでしょう？　①契約　②結婚　③飲酒

17 消費者の権利と責任

買い物やサービスを利用する時に注意していることがあれば書き出そう。

1 消費者主権と情報の非対称性

消費者主権……限りある❶＿＿＿を使って，どのような財・サービスを生産するかを最終的に決め，社会に影響を与えるのは❷＿＿＿

↓　実際には，売り手と買い手のもつ❸＿＿＿や交渉力に差

❸の非対称性

・売り手と買い手の意図とは別に望ましくない結果になる❹＿＿＿が起きることがある

対策：情報をもっている側が商品のよさを伝える（証明書など）

・情報をもっている方が有利になり，❺＿＿＿な個人間での契約ができなくなる

対策：消費者に関する法律を規定

2 消費者の自立と消費者市民社会

(1)　消費者の権利を守る法律

①❻＿＿＿**法**

情報の非対称性をふまえ，消費者を支援することで❼＿＿＿を促す

②❽＿＿＿法

事業者の不当な勧誘による契約の❾＿＿＿ができる

③❿＿＿＿法

強引な販売方法で希望しない契約をした時，一定の期間であれば無条件で解約できる⓫＿＿＿を定める

④⓬＿＿＿法

表示内容の規制や景品類の最高額などを定める

⑤**製造物責任法**（⓭＿＿＿**法**）

製品に欠陥があったことを立証すれば，製造者などに過失がなくても賠償責任がある⓮＿＿＿**制**を定める

(2)　消費者保護や情報提供にかかわる機関

⓯＿＿＿……消費者行政にかかわる行政機関

・⓰＿＿＿**センター**……国民生活に関する情報の提供

・⓱＿＿＿**センター**……地方公共団体での消費者の相談窓口

(3)　公正かつ持続可能な⓲＿＿＿**社会**の形成への参画

・自分の消費行動が社会に影響を与えることをふまえる

・⓳＿＿＿消費……消費者が社会的課題の解決を考慮したり，社会的課題の解決に取り組む事業者を応援しながら消費活動をおこなう

メモ

対象商品や販売方法などによっては，⓫できないこともあるので注意しよう。

メモ

⓳とは「倫理的」という意味。⓳消費とは，消費行動を通じて，世界的な課題である貧困・人権・気候変動の解決に取り組む考え方である。SDGs（持続可能な開発目標）の目標12「つくる責任　つかう責任」にもつながる。

p.33クイズの答え　③

チャレンジしよう

1 Think & Try 売買ゲームから，情報の非対称性について考えよう。

次のような状況の時，あなたがパソコンの買い手なら，いくらまで出すだろうか。理由もあわせて書こう。

買い手はA～Dの4人の売り手のなかから，1人を選んでパソコンを買おうと思っている。買い手は，正常なパソコンが2台，インターネットに接続できないパソコンが2台あることは知っている。誰が正常なパソコンを売っているかはわからない。

売り手	A	B	C	D
インターネットへの接続	○	○	×	×
中古市場での価格	10万円	10万円	1万円	1万円

2 消費者問題について，図を使って考えよう。

(1) 右図について，2004年の相談件数が多くなった背景として考えられる，同年に制定された法律名を書こう。 (　　　　)

(2) 次のア～エの商品購入の流れについて，「契約が成立」した時点はいつか，記号で書こう。 (　　　　)

ア．申しこんだ時　　イ．申しこみを承諾した時

ウ．代金を支払った時　　エ．商品が届いた時

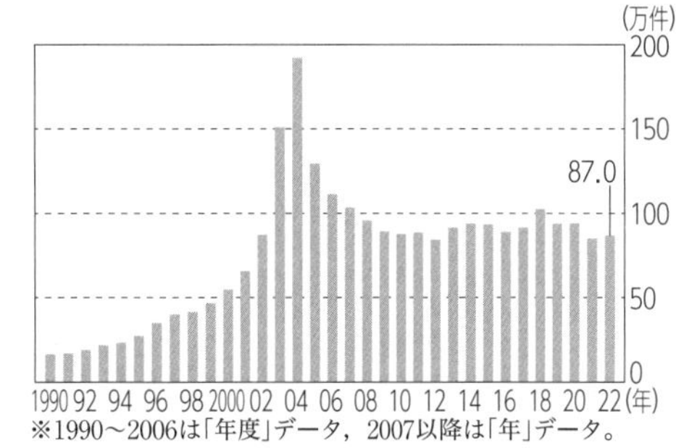

※1990～2006は「年度」データ，2007以降は「年」データ。

↑図　消費生活相談件数の推移（消費者庁資料）

(3) クーリング・オフで取り消すことができない事例を，次からすべて選んで記号で書こう。

ア．訪問販売によって契約した場合

イ．店舗で購入したものの，購入後に家族に反対された場合

ウ．オンラインショッピングによって契約した場合

エ．街頭でアンケートに答えた後，強引に商品を購入させられた場合 (　　　　)

3 自分の考えを書こう。

見方・考え方　ふだん食べている食料や着ている服がどのようにしてつくられているのかを調べて，どのような社会が望ましいのかを考えよう。

Check!

①どのような財・サービスを生産するかを最終的に決めるのは消費者であるという考え。…………(　　　　)

②売り手と買い手のもっている情報や交渉力に差があること。…………(　　　　)

③一定期間内であれば無条件で契約を解約できる制度。…………(　　　　)

④製品について企業の責任を認め，無過失責任制を採用した法律。……(　　　　)

⑤地方公共団体における消費者の相談窓口。…………(　　　　)

Qクイズ　クーリング・オフの際，相手に契約解除を通知するために有効な手段はどれでしょう？　①電話　②内容証明郵便　③電子メール

18 裁判所と司法

学校や地域でトラブルが起きて困ったことがあれば，書き出してみよう。

メモ

1891年に起きた大津事件では，被告人を死刑にするようせまった政府に対して，大審院長（現在の最高裁判所長官にあたる）の児島惟謙が拒否をつらぬき，❶権の独立を守った。一方で❹の独立は侵害した。

メモ

❼で実際に罷免された裁判官はいない。❻裁判ではこれまで７人が罷免され，そのうち４人が資格回復している。

1 司法権の独立

❶＿＿＿＿……集団における紛争を❷＿＿＿＿に基づいて解決をはかる国家の行為＝人権を守る砦

(1) **❶権の独立**……ほかの機関や勢力などから干渉されず独立していること

・❸＿＿＿＿の設置禁止⟶❶の公正と民主化のため

(2) 裁判官の身分保障

・❹＿＿＿＿**の独立**……「❹は，その良心に従ひ独立してその職権を行ひ，この❺＿＿＿＿及び法律にのみ拘束される」（第76条）

・心身の故障の場合か，公の❻＿＿＿＿によらなければ罷免されない

・最高裁判所の❹には❼＿＿＿＿の制度

2 日本の裁判所

(1) 日本の裁判制度

（⑨）裁判所
特別抗告
⑭
⑭
⑭
再抗告
（⑩）裁判所
即時抗告
⑮
⑭
⑮
抗告
（⑫）裁判所
（⑪）裁判所
（⑫）裁判所
親子、夫婦、兄弟間などの争い
請求額が140万円をこえる訴訟，不動産に関する訴訟
⑮
⑮
一般の刑事事件
少年事件
（⑬）裁判所
請求額が140万円以下
罰金以下の罪
民事裁判
刑事裁判

❽＿＿＿＿……司法を担う国家機関

❾＿＿＿＿

❿＿＿＿＿

⓫＿＿＿＿

⓬＿＿＿＿

⓭＿＿＿＿

⓮＿＿＿＿

⓯＿＿＿＿

❾裁判所には裁判の手続きなどに関する⓰＿＿＿＿**権**がある

(2) ⓱＿＿＿＿……判決に不服な場合は，上級裁判所に対して裁判のやりなおしを求める⓲＿＿＿＿ができる

3 憲法の番人

法の支配⟶⓳＿＿＿＿**制**の発達

・司法府（裁判所）が憲法・法令を最終的に解釈する制度。立法府（国会）や行政府（内閣）の行きすぎを抑制

・最高裁判所は⓴＿＿＿＿と位置づけ

⟶「㉑＿＿＿＿」といわれる

＊高度に政治的な判断が必要な国家の行為には，㉒＿＿＿＿論の考えで判断を避ける場合も⟶㉑の役割が果たせなくなる

チャレンジしよう

1 違憲審査権について，表を使って考えよう。

(1) 右表から，争われた憲法上の条文として，最も多いものは何だろうか。また，その条文で争われた事例に色をつけよう。

(　　　　)条

事例（最高裁判決の年）	争われた憲法上の条文と論点
尊属殺人重罰規定（1973年）	〔14条〕 刑法の重罰規定と法の下の平等
薬事法訴訟（1975年）	〔22条〕 薬局開設距離制限と営業の自由
衆議院定数訴訟（1976年）	〔14条〕 議員定数不均衡と法の下の平等
衆議院定数訴訟（1985年）	〔14条〕 議員定数不均衡と法の下の平等
森林法訴訟（1987年）	〔29条〕 分割制限規定と財産権の保障
愛媛玉ぐし料訴訟（1997年）	〔20条3項，89条〕 政教分離と公費支出
書留郵便免責規定（2002年）	〔17条〕 国の賠償責任
在外日本人選挙権制限規定（2005年）	〔15条1項〕 公務員を選定・罷免する権利
国籍取得制限規定（2008年）	〔14条〕 国籍取得制限規定と法の下の平等
北海道砂川政教分離訴訟（2010年）	〔20条1項，89条〕 政教分離と公の財産の利用制限
婚外子法定相続分差別訴訟（2013年）	〔14条〕 民法の法定相続分規定と法の下の平等
女性再婚禁止期間規定（2015年）	〔14条〕 6か月の再婚禁止期間と法の下の平等
沖縄孔子廟訴訟（2021年）	〔20条3項，89条〕 政教分離と公の財産の利用制限
在外日本人国民審査訴訟（2022年）	〔79条2項，3項〕 最高裁判所裁判官の国民審査
性別変更要件規定（2023年）	〔13条〕 身体への侵襲を受けない自由と手術要件

→表　違憲判決の事例

(2) ？1990年代以降の違憲判決には，どのような特徴があるだろうか。自分の考えを書こう。

(3) 見方・考え方 日本の司法制度において，法の支配は違憲審査権のほか，どのような点にあらわれているのだろうか。

ヒント 教科書p.62の「司法権の独立」の考え方を確認しよう。

2 自分のことばで書こう。

裁判所がなかったら，トラブルが起きた時にどのような解決方法や結果になるだろうか。p.36で考えた身近なトラブルも思い返しながら，考えてみよう。

Check!

①司法権がほかの国家機関から干渉を受けないこと。…………………………（　　　　）

②裁判官が判決を決定する過程で，良心と憲法・法律にのみ拘束されること。

…………………………（　　　　）

③憲法違反や重大な非行をおこなった裁判官を裁く裁判所。……………（　　　　）

④憲法に照らして法やルールが適合しているか，裁判所が判断する権利。（　　　　）

⑤最高裁判所が④をもつ終審裁判所であることによる呼び名。……………（　　　　）

クイズ　裁判所が憲法判断を回避する際に用いる理論は何でしょう？　①統治行為論　②市民政府二論　③自助論

19 国民の司法参加

もし裁判員に選ばれたら，自分はどうするか，今の考えを書こう。

1 民事裁判と刑事裁判

(1) ❶＿＿＿＿**裁判**……個人や団体の財産上や身分上の権利・義務の争い

・訴えを起こす側：❷＿＿＿＿　・訴えられた側：❸＿＿＿＿

(2) ❹＿＿＿＿**裁判**……犯罪を裁き，有罪・無罪を判断する

・❺＿＿＿＿が公益を代表して裁判所に被疑者を起訴

・「疑わしきは❻＿＿＿＿」を原則とし，刑事被告人は❼＿＿＿＿を依頼する権利がある──→被告人の人権を守る

・❽＿＿＿＿**主義**……法律で犯罪行為と刑罰を決めておく

2 再審制度

❾＿＿＿＿……無実の罪。裁判は人が人を裁くので起こりうること

↓ ❾を防ぐために

・❿＿＿＿＿**制度**……判決に合理的な疑いがもてるような新たな証拠などが提出された場合に，裁判のやりなおしをおこなう

・⓫＿＿＿＿**の原則**……有罪が確定するまでは，無実と考えて被告人を扱う

3 国民の司法参加

(1) ⓬＿＿＿＿**制度**

・裁判に⓭＿＿＿＿の良識を反映させるべきであるという考えから導入

・死刑や無期懲役が科されるような重大事件の⓮＿＿＿＿裁判を対象

・⓬は有罪か無罪かを判断し，有罪の場合は⓯＿＿＿＿判断もおこなう

──→人の一生を左右する役割へのためらい，裁判の長期化などを理由に辞退する者も。しかし多くはよい経験と捉えている

(2) 法曹三者（⓰＿＿＿＿・弁護士・検察官）にも，国民にわかりやすい裁判をおこなおうとする姿勢が広がる

(3) 犯罪被害者の人権を守るために

・⓱＿＿＿＿法……被害者や家族が優先的に裁判を傍聴

・⓲＿＿＿＿**制度**

……被害者や遺族が刑事裁判で被告人に質問できる

4 検察審査会

検察審査会……⓳＿＿＿＿が不起訴とした事件について，18歳以上の有権者のなかから抽選で選ばれた検察審査員が審査する制度

二度にわたって起訴すべきと判断した場合

──→⓴＿＿＿＿……弁護士が検察官役を果たして刑事裁判を実施

メモ

❹裁判では，犯罪の疑いをかけられた人を被疑者とよび，裁判にかけられた時から被告人とよばれる。

メモ

アメリカでとられている陪審制は，市民からなる陪審員のみで有罪・無罪を判断し，有罪の場合の⓯判断を裁判官がおこなう。

メモ

裁判員や検察審査員は，18歳以上の有権者から選ばれる。

p.37クイズの答え　①

チャレンジしよう

1 裁判員制度のしくみと特徴について，図を使って考えよう。

裁判員の選任

前年の秋頃　18歳以上の（　A　）をもつ人のなかから，翌年の裁判員候補者を（　B　）で選び，裁判員候補者名簿を作成する。

前年の11月頃　裁判員候補者への通知・調査票の送付。一定の理由があれば断ることができる（（　C　），70歳以上，学生など）。

裁判の６週間前まで　裁判員候補者に，裁判期日などを記したよび出し状と，辞退する理由があるかなどを確認するための質問票を送付。

裁判当日　裁判所で，裁判員候補者に質問手続きがおこなわれる（非公開）。
一定の理由があれば断ることができる（（　C　），育児，仕事など）。
事件関係者など，選ばれない場合もある。

除外されなかった候補者から，抽選で（　D　）名の裁判員が選ばれる。

裁判官
被告人

捜査・逮捕
起訴
（　E　）
争点や証拠を絞りこみ，短期間で審理できるようにする
公判・審理
証人や被告人に質問
証拠書類の取り調べ
評議・評決（非公開）
裁判官と裁判員とで事実認定（（　F　）），量刑判断
判決言い渡し
審理終了後も守秘義務は継続

(1)　図のA～Fにあてはまる語句を書きこもう。　ヒント　Cは辞退できる理由を書きこもう。

A（　　　　　　）　B（　　　　　　）　C（　　　　　　）

D（　　　　　　）　E（　　　　　　）　F（　　　　　　）

(2)　図のなかの裁判員に赤で○をつけよう。

(3)　評議・評決は，全員一致でない場合は多数決で決まるが，同時に必ず「裁判官」「裁判員」が少なくとも一人以上含まれる必要がある。では，有罪・無罪の意見が分かれたケースで最終的に有罪の判決が出されるには，有罪と判断する裁判員は最低何人必要だろうか。　（　　　　）人

(4)　見方・考え方　民主政治の下で，裁判に国民が参加することにはどのような意義があるのだろうか。

2 Think & Try 公判の流れから考えよう。

見方・考え方　教科書p.67図5の公判の流れのなかで，被告人の人権を守るためのしくみと考えられるところをあげよう。また，法に基づいて公平・公正に判断するために，どのような手続きがとられているか確認しよう。

被告人の人権を守るためのしくみ
法に基づいて公平・公正に判断するための手続き

Check!

①犯罪となるべき行為と罰則を法律で適正に定めておくこと。……………（　　　　　　）

②合理的な疑いがもたれる証拠が発見された場合に裁判のやりなおしをする制度。
…………………………（　　　　　　）

③刑事裁判で，被告人を有罪が確定するまでは無罪と考えて扱う原則。…（　　　　　　）

④被害者や遺族が刑事裁判で被告人に質問できる制度。……………………（　　　　　　）

Qクイズ　法廷で裁判官が着ている法服は何色でしょう？　①赤　②白　③黒

20 演習問題②

1　次の日本国憲法の条文を読んで，下の問いに答えよ。　▶教科書p.48～57

第13条　すべて国民は，個人として尊重される。生命，自由及び幸福追求に対する国民の権利については，（　１　）に反しない限り，立法その他の国政の上で，最大の尊重を必要とする。

第14条　①　すべて国民は，法の下に平等であつて，人種，信条，性別，社会的身分又は門地により，政治的，経済的又は社会的関係において，差別されない。

第18条　何人も，いかなる（　２　）も受けない。又，犯罪に因る処罰の場合を除いては，その意に反する苦役に服させられない。

第21条　①　集会，結社及び言論，出版その他一切の表現の自由は，これを保障する。

②　（　３　）は，これをしてはならない。通信の秘密は，これを侵してはならない。

第22条　①　何人も，（　１　）に反しない限り，居住，移転及び（　４　）の自由を有する。

第25条　①　すべて国民は，〔　A　〕を営む権利を有する。

第31条　何人も，法律の定める手続によらなければ，その生命若しくは自由を奪はれ，又はその他の刑罰を科せられない。

問１　文中の空欄（１）～（４）に適する語句を答えよ。　知・技

問２　第13条に関連して，この条文と第25条の条文を根拠として主張される「新しい人権」を何というか答えよ。　思・判・表

問３　第14条に関連して，これについて争われた訴訟における最高裁判所の判断を示した次のア～ウの文のうち，適当なものを一つ選んで記号で答えよ。　思・判・表

ア．他人を殺害した場合よりも，みずからの両親や祖父母を殺害した場合に重い罰を課す刑法の規定は，家族の秩序を維持するために必要な規定であるため，合憲である。

イ．法律上の婚姻をしている男女の間に生まれた子の相続分を，婚姻していない男女の間に生まれた子の相続分よりも多くすることは，家族の秩序を維持するために必要なので，合憲である。

ウ．民法の規定で，女性のみ婚姻の解消から180日間は再婚することができないとするのは，法の下の平等に反するため，違憲である。

問４　第31条に関して，罪の内容と刑罰は法で定めるという原則を何というか答えよ。　知・技

問５　文中の空欄〔　A　〕に適する文章を，14文字で答えよ。　知・技

問６　「新しい人権」に関連して，以下の条文はある「新しい人権」に関連して制定された法律の一部である。これは何という法律の一部か，下のア～エから一つ選び，記号で答えよ。また，その法律が保障する「新しい人権」は何か答えよ。　知・技

> 第３条　何人も，この法律の定めるところにより，行政機関の長に対し，当該行政機関の保有する行政文書の開示を請求することができる。

ア．通信傍受法　　イ．個人情報保護法　　ウ．情報公開法　　エ．特定秘密保護法

p.39クイズの答え　③

問1	1		2		3		4	
問2		問3		問4				

問5														
問6														

2 消費者トラブルに関する次の文章を読んで，下の問いに答えよ。

▶教科書p.58〜61

(1) 一人暮らしの祖母が，不動産業者から脅されてマンションの契約をしてしまったらしい。しかし，①父が公的機関に相談したら，法律で契約を解除できることになった。

(2) 一人暮らしの大学生の家に訪問販売がやってきて，高級羽毛布団を買わされてしまった。先輩に相談すると，②「この法律に従って，8日以内にここに書かれている通りにするといいよ」といわれたので，そのとおりにしたら違約金どころか理由の説明もなく解約することができた。

(3) ファストフード店で買ったジュースに異物が入っていてのどを負傷してしまった。③異物がジュースに入っていたことが証明されると，お店の過失がなくても法律に基づいて賠償に応じてもらえた。

問1 (1)〜(3)の事例に関連する法律の名称を次のア〜エから選び，記号で答えよ。 思・判・表

ア．特定商取引法　イ．消費者基本法　ウ．製造物責任法(PL法)　エ．消費者契約法

問2 下線部①に関連して，消費者問題に対応する行政機関のことを何というか答えよ。 知・技

問3 下線部②に関連して，この制度を何というか答えよ。 知・技

問4 下線部③に関連して，このような制度を何というか答えよ。 知・技

問1	1		2		3		問2	
問3							問4	

3 日本の司法制度に関する次の文章を読んで，下の問いに答えよ。

▶教科書p.62〜67

裁判が公正におこなわれるためには，①司法権の独立が求められる。また，裁判は慎重におこなわれなければならないので，日本の司法制度は三審制を採用している。さらに，判決に合理的な疑いがもたれるような証拠が発見された場合には（　1　）制度もそなえられている。不起訴の決定に不服の場合には，有権者からなる（　2　）に申し立てる制度も導入されている。

問1 文中の空欄（1）〜（2）に適する語句を答えよ。 知・技

問2 下線部①に関連して，最高裁判所の裁判官が罷免される例を一つあげよ。 知・技

問3 右の裁判員裁判の図について，次のア〜エの文章が正しければ○，誤っていれば×を記入せよ。 思・判・表

ア．この裁判は民事裁判である。

イ．この裁判は地方裁判所でおこなわれている。

ウ．原告側のAの人物の職業は，検察官である。

エ．中央のBの人物は，被告とよばれる。

問1	1		2					
問2								
問3	ア		イ		ウ		エ	

私たちと選挙

18歳になったら選挙に行きたいか，今の気もちとその理由を書いてみよう。

1　選挙の意義と基本原則

(1)　**選挙**の意義

❶　の原理……国民が国家の最高意思を決定する主権者

❷　**主義**

……「日本国民は，正当に選挙された❸　における代表者を通じて行動」(憲法前文)

──→❶の原理，❷主義の観点からも，国民が選挙で投票することは重要

(2)　選挙の基本原則：❹　政治には欠かせない考え

①❺　**選挙**……一定の年齢に達した国民に選挙権を認める

←→かつては身分・財産・性別などによる❻　選挙

②❼　**選挙**……投票価値に差を設けない

③❽　**選挙**……投票の自由を保障

④❾　**選挙**……有権者が直接投票をおこなう

❹政治は❿　が基本だが，いつも正しいとは限らない

──→⓫　の権利や意見の尊重が必要

(3)　選挙権拡大の歴史

制定年	(⓬)年	1919年	1925年	(⓰)年	2015年
選挙の資格	直接国税15円以上を納める(⓭)歳以上の(⓮)	直接国税３円以上を納める(⓭)歳以上の(⓮)	(⓭)歳以上の(⓮)	(⓱)歳以上の(⓲)	18歳以上の(⓲)
総人口に占める有権者の割合	(⓯)％	5.5％	19.8％	48.7％	83.7％

⓬
⓭
⓮
⓯
⓰
⓱
⓲

2　18歳になったら有権者

(1)　議会をとおして国民主権を実現するために

・代表者を選出するだけでなく，政治を国民が⓳　する

・選挙を定期的に実施する

──→選挙によって国民の意見を政治に⓴　し続けることが可能

──→代表者が緊張感をもつことで，権力の㉑　防止になる

(2)　若い世代への期待

若い世代が政治に関心をもち，積極的に政治参加することが，将来の日本社会のあり方を決める

──→選挙権をもつ㉒　歳に向けて今のうちから考えることが重要

メモ

㉒歳選挙権を導入した年は，イギリスは1969年，ドイツは1970年，アメリカは1971年(州により異なる)である。

チャレンジしよう

1 Think & Try あなたが立候補者なら，どの年代に向けて政策を訴えるか考えよう。

(1) 有権者の割合が図2の場合，60歳代と20歳代の実際の投票者数はどのくらいの差があるだろうか。図1から考えよう。

60歳代の投票者数：(　　　　　　)万人

20歳代の投票者数：(　　　　　　)万人

投票者数の差　　：(　　　　　　)万人

(2) 自分が立候補者なら，どのような政策を訴えるだろうか。理由とともに書こう。

第49回衆議院議員総選挙(2021年)

年代	投票率
18,19歳	43.2%
20歳代	36.5%
30歳代	47.1%
40歳代	55.6%
50歳代	63.0%
60歳代	71.4%
70歳以上	62.0%

↑図1　年代別衆議院議員総選挙投票率(総務省資料)

↑図2　年代別有権者の割合(総務省資料)

(3) 自分が投票する時のことを考えよう。自分なら選挙の際にどのような点を重視するか，具体的に書き出そう。

ヒント (2)(3)は教科書p.71図7「投票の際に考慮した問題」も参考にしよう。

(4) (3)で考えた内容と(2)で考えた内容を見くらべて気づいたことを書き出そう。

(5) 見方・考え方 「シルバー民主主義」は次の①～③のどの点で公正といえるだろうか。また，ほかの点の公正から考えると，どのような点に問題があるといえるだろうか。

①投票者数　②有権者数　③投票率

2 自分のことばで書こう。

若者の声を政治に反映させていくには，どのようなことをすれば有効だろうか，考えたことを書こう。

Check!

①国民が国家の最高意思を決定する主権者であるという原則。…………(　　　　)

②一定の年齢に達した国民には選挙権を認めること。…………(　　　　)

③身分や財産，性別などで選挙権を制限すること。…………(　　　　)

④誰に投票したのかわからないようにすること。…………(　　　　)

⑤高齢者の声が強く反映されている民主主義。…………(　　　　)

Qクイズ　日本で25歳以上の男子の普通選挙制が制定された年はいつでしょう？　①1889年　②1925年　③1945年

22 選挙の現状と課題

世界の投票率向上のための工夫について，知っていることがあれば書き出そう。

1 日本の選挙制度

(1) 選挙制度の種類と特色

①❶＿＿制……１選挙区から❷＿＿人を選出。

❸＿＿が多く，大政党に有利

②大選挙区制……１選挙区で複数を選出。❹＿＿乱立になる傾向

③❺＿＿制……各党の得票数に応じて❻＿＿が配分。

❸は少ないが❹乱立になる傾向

──→さまざまな選挙制度を組みあわせることで，多様な意見を集める

(2) 衆議院の選挙制度……❼＿＿**並立制**

・❶制（289人）と❺制（176人）を組みあわせる

・❺制は，有権者は❽＿＿名で投票。あらかじめ候補者に順位をつけておく❾＿＿名簿式を採用

・❶と❺に同時に立候補できる❿＿＿が可能

──→❺で同じ順位の場合は，⓫＿＿で当選者を決定

(3) 参議院の選挙制度

・選挙区制（148人）……原則として⓬＿＿を単位

・❺制（100人）……⓭＿＿を単位。❽名か候補者名で投票。❽内で得票数の多い候補者から当選する⓮＿＿**名簿式**を採用

2 選挙制度の課題

(1) ⓯＿＿の問題

一票の重みに差が出る──→⓰＿＿選挙の原則に反する

(2) 選挙運動のあり方に関する問題

選挙に多額の資金がかかり，⓱＿＿・供応などの不正が問題

↑

└─⓲＿＿**法**で選挙違反に対する⓳＿＿**制**を規定

⓳制……議員秘書や親族など，候補者と近い関係にある者が⓱などで有罪になると，候補者の当選が無効になる

(3) 選挙権に関する問題

①在外日本人の投票権……⓴＿＿に限り認められている

②在日外国人の選挙権……最高裁は，立法によって㉑＿＿を与えることはできると述べる

(4) ㉒＿＿の増加による投票率低下の問題

・㉓＿＿**投票制度**の導入

・㉒の要因は**政治的無関心**や㉔＿＿**層**の存在がある

メモ

参議院の選挙区について，議員定数配分が違憲状態にあると判断されたため，高知県と徳島県，島根県と鳥取県は，それぞれ選挙区が統一され「合区」となっている。

メモ

⓯問題について，衆議院で違憲判決，参議院でも違憲状態判決が出されているが，いずれも選挙自体は有効との事情判決である。

メモ

2022年の最高裁の違憲判決により，在外日本人が最高裁判所裁判官の国民審査に投票できるようになった。

p.43クイズの答え　②

チャレンジしよう

1 衆議院の選挙制度について，次の例をもとに考えよう。

(1) 小選挙区について考えよう。

	A党		B党		C党	
1区	山田	80,000	伊藤	56,000	黒田	78,000
2区	池田	60,000	佐藤	36,000	西	100,000
3区	大川	20,000	石井	8,000	三崎	10,000

①右の小選挙区（1～3区）の当選者はそれぞれ誰か。名前を書こう。

1区（　　　　）　2区（　　　　）　3区（　　　　）

②B党の3人の惜敗率はそれぞれいくつか，計算して書こう。

伊藤（　　　）%　佐藤（　　　）%　石井（　　　）%

ヒント 惜敗率(%)＝落選者の得票数÷落選者が出馬した選挙区の当選者の得票数×100

(2) 比例代表について考えよう(定員8人)。

①右の表を完成させよう。計算して数を書きこみ，数が大きい順に1～8まで番号を入れよう。

②各党の当選者はそれぞれ何人か。

A党（　　）人　B党（　　）人

C党（　　）人

③①，②のようにして，各党の比例代表における議席数を配分する方法を何というか。

（　　　　　　　　）

	A党	B党	C党
得票数	40,500	31,500	18,000
÷1	1 40,500	31,500	18,000
÷2			
÷3			
÷4			
÷5			

(3) (1)，(2)をふまえ，小選挙区と比例代表の重複立候補制について考えよう。B党の比例代表の名簿(拘束名簿式)が右のような場合，誰が当選者となるか。理由とともに書こう。なお，★印は比例代表のみの候補者で，比例で当選する人数は3名とする。

順位	B党の候補者名簿
1位	★原
2位	伊藤，佐藤，石井
3位	★藤田

当選者：（　　　　），（　　　　），（　　　　）

理由　：（　　　　　　　　　　　　）

2 ？一票の格差について，図を使って考えよう。

(1) 右図の衆議院小選挙区の場合，鳥取1区の一票の価値を基準にすると，北海道2区の一票の価値は何票になるだろうか。

（　　　）票

(2) (1)のような状況は，日本国憲法の何に違反するだろうか。

（　第　　　条　　　　　　）

ヒント 教科書p.63図3で，衆議院定数訴訟を確認しよう。

→図　一票の格差(総務省資料)

Check!

①現在採用されている衆議院議員の選挙制度。…………………………（　　　　　）

②衆議院議員選挙で小選挙区と比例代表の両方に立候補すること。……（　　　　　）

③日本の選挙制度を定めた法律。…………………………………………（　　　　　）

④選挙区ごとに国会議員一人あたりの有権者数に格差がある問題。……（　　　　　）

⑤政治には興味関心があっても投票したい政党や候補者がいない人々。（　　　　　）

Qクイズ　政党の得票数に応じて議席を配分する選挙制度は何でしょう？　①小選挙区制　②大選挙区制　③比例代表制

23 世論の形成と政治参加

インターネット上の情報で，「これはおかしい」と思ったことがあるだろうか。

メモ
日本の第二次世界大戦後の❽政治は，自民党と社会党を中心とした「55年体制」が1993年まで続き，その後はおもに自民党を中心とする連立政権の時代となっている。

メモ
電子メールを使用した⓳は公職選挙法で禁止されている。

1 世論と現代の政治

❶　……社会問題に対する私たち国民の意見

普通選挙の実現──→❷　民主主義＝「❶に基づく政治」

──→❶が公正に形成されていることが重要

新聞・テレビなどの❸
❹
}❶形成に大きな影響

──→これまで情報の❺　だった市民が，SNS などを通じて意見を❻　する側となる

──→さまざまな情報を主体的に判断・選択し，活用する❼　を養うことが重要

2 政党と圧力団体

(1) ❽　……国民の意思を集約し，政策を政治に反映させる組織

・❾　……❿　で国民から多数の支持を得て政権を担当

⟷⓫　……❾の政策を批判し，行政を監視するなどの役割

(2) **❽政治**……現代政治の中心的存在が❽

活動に多額の資金がかかり，資金をめぐるさまざまな問題が発生

──→⓬　**法**で収支報告などを義務づけ

国が⓭　**金**を支給し，❽活動を助成

(3) ⓮　──→政治に大きな影響

……政権獲得を目的とせず，自己の集団の利益を獲得するために組織

※強力な団体のみが特定の利益を得ることは，議会政治をゆがめる

3 私たちと政治参加

・⓯　……**政治参加**の第一歩。主権者としての責任を果たす

・国会への⓰　，議員への⓱　，政党活動への参加，マス・メディアへの意見の表明など，政治参加にはさまざまな方法がある

──→⓲　の主体として，政治に関心をもち，かかわっていこう

4 選挙に行こう

(1) ⓳　（⓴　歳以上の有権者がおこなえる）

・①特定の選挙で，②特定の候補者の当選を目的に，投票依頼すること

・選挙の公示・告示日から投票日㉑　までの選挙期間中に実施

⟷原則としていつでも誰でもおこなえる㉒　とは区別

(2) 投票日に投票できない場合の投票制度

㉓　**投票制度，不在者投票制度，在外投票制度**

p.45 クイズの答え　③

チャレンジしよう

1 Think & Try このニュースは本当か，考えよう。

(1) 右図を見て，「おかしい」と思うところをあげよう。

(2) (1)で疑問に思った点は，どのようにして確かめればよいのだろうか。

〇〇党所属のA候補，
△△社から資金提供か？
@kokyo＊＊＊
〇〇党所属のA候補が，△△社から多額の資金提供を受けているらしい。
202＊年＊月＊日
113　5728　3178

↑図　あるインターネット上のニュースの画面

2 Think & Try 政策比較をしてみよう。

(1) 教科書p.76のA～D党それぞれの政策について，分野ごとに分類して記号を書こう。

	A党	B党	C党	D党
①教育				
②消費税				
③社会保障				
④原発・エネルギー				

(2) 見方・考え方 (1)で分類したものから，自分が重視する分野を一つ選択し，そのなかから自分の考えと近い政策を書き出そう。また，その政策によって不利益を受ける人はいないか，不利益を受ける人がいたとしてもそれを救う手立てがあるかなども検討しよう。

自分が選んだ政策
その政策で不利益を受ける人はどのような人か
不利益を受ける人を救う手立てがあるか

3 自分のことばで書こう。

投票日当日に投票できない場合にも，期日前投票制度などさまざまな投票制度が用意されている。このような手続きが定められている理由を考えよう。

Check!

①社会問題に対する私たち国民の意見。……………………………（　　　）

②必要な情報を主体的に判断・選択し，活用する力。……………（　　　）

③共和党と民主党の二大政党制を採用している国。………………（　　　）

④政権獲得を目的とせず，自己の集団の特定利益の獲得をめざした団体。（　　　）

⑤留学で海外に住んでいる場合に利用できる投票制度。…………（　　　）

Qクイズ　17歳だとできないことはどれでしょう？　①政治活動　②選挙運動　③国政選挙の投票

24 国会と立法

「国会」と聞いて思いうかぶものをあげてみよう。

メモ

❻特権は，現行犯は例外である。また，国会会期中でも所属する議院の許諾があれば逮捕できる。

メモ

㉒案が可決された例は戦後４回あるが，すべて内閣総辞職ではなく，衆議院解散・総選挙となった。

1 国会の地位と構成

(1) 国会の地位

・日本国憲法第41条「国会は，**国権の❶**＿＿＿＿**機関**であつて，国の**唯一の❷**＿＿＿＿**機関**である」

・❸＿＿＿＿者である国民から選出された❹＿＿＿＿による政治

・**衆議院**と**参議院**の❺＿＿＿＿**制**を採用

(2) 国会議員の特権

❻＿＿＿＿**特権**(第50条)，❼＿＿＿＿**特権**(第51条)，

国から一定の❽＿＿＿＿支給(第49条)

──→誰からも干渉を受けず，❾＿＿＿＿のため独立して行動できるように

(3) 衆議院と参議院

	任　期	解　散	選　挙
衆議院	❿＿＿＿＿年	あり	総選挙(すべての議員が選挙)
参議院	⓫＿＿＿＿年	⓬＿＿＿＿	半数ずつ３年ごとに改選

参議院には衆議院の行きすぎを抑え，安定した審議をおこなうことが期待

←→⓭＿＿＿＿拘束が強い場合，衆議院の議決を追認するだけに終わる

2 国会の運営と権限

(1) 国会の種類

常会	毎年⓮＿＿＿＿月召集。会期150日間。次年度予算を審議
⓯＿＿＿＿会	内閣が認めた時，いずれかの議院の４分の１以上の要求で召集
⓰＿＿＿＿会	総選挙から⓱＿＿＿＿日以内，内閣総理大臣の選出など

(2) 国会の審議

・議案の提出(議員または内閣)──→衆議院・参議院で同じ手順で審議

・⓲＿＿＿＿での審議──→結果を⓳＿＿＿＿に報告──→議決

(3) 国会の権限

・⓴＿＿＿＿**権**(最も重要)，予算の議決権，㉑＿＿＿＿の承認権など

・衆議院だけの権限……㉒＿＿＿＿**決議権**

・両院の議決が異なる場合……㉓＿＿＿＿で協議

──→それでも意見が一致しない時は，㉔＿＿＿＿が適用

3 国会の現状と改革

㉕＿＿＿＿**法**

・官僚が閣僚に代わって答弁する㉖＿＿＿＿制度の廃止

・与野党の㉗＿＿＿＿の実施──→形骸化が課題

p.47クイズの答え　②，③

チャレンジしよう

1　国会の権限について，図を使って考えよう。

(1)　図のA～Fにあてはまる語句を書きこもう。

A（　　　　　　　　　　）

B（　　　　　　　　　　）

C（　　　　　　　　　　）

D（　　　　　　　　　　）

E（　　　　　　　　　　）

F（　　　　　　　　　　）

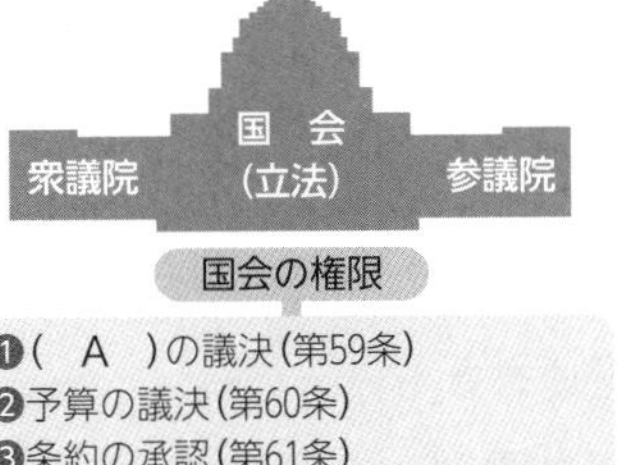

国会の権限

❶（　A　）の議決（第59条）
❷予算の議決（第60条）
❸条約の承認（第61条）
❹（　B　）の設置（第64条）
❺（　C　）の指名（第67条）
❻財政に関する権限（第83条・第84条）
❼憲法改正の発議（第96条）

衆議院のみ

❶（　D　）決議（第69条）
❷参議院の（　E　）に対する同意（第54条）
❸法律・予算・条約・総理大臣の指名における（　F　）

参議院のみ

❶（　E　）（第54条）

両議院の権限

❶法律案の提出（国会法第56条）
❷役員の選任（第58条）
❸議院規則の制定（第58条）
❹議員の懲罰（第58条）
❺国政調査（第62条）
❻議員の資格争訟の裁判（第55条）

(2)　なぜ衆議院の優越が認められているのだろうか。その理由を考えて書こう。

(3)　見方・考え方　国民の意思に従って政治がおこなわれるべきとする民主主義の考え方は，国会のしくみのなかでどのようにいかされているのだろうか。

2　法律案の提出件数と成立率について，図を使って考えよう。

(1)　？右図について，内閣提出のものと議員提出のもので違いが大きいのはなぜだろうか。

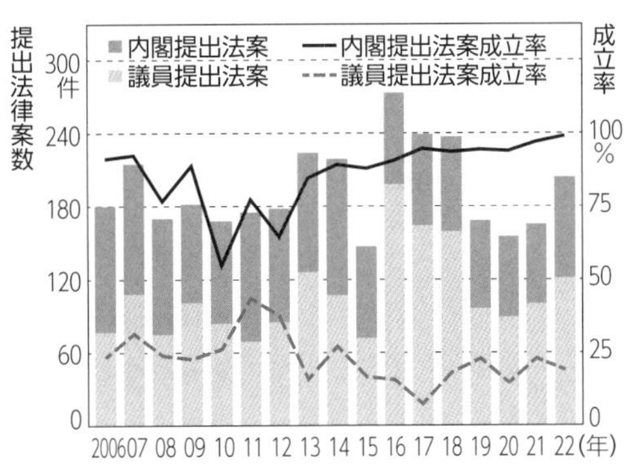

↑図　法律案の提出件数と成立率（衆議院資料）

(2)　教科書p.78図1で取り上げた被災者生活再建支援法は，議員立法で成立した事例である。この法案成立の背景についてまとめよう。

☑ Check!

①国家権力を三つに分け，抑制と均衡をはかるという政治のしくみ。…（　　　　　　　　）

②議院内の発言や表決の責任を議院外で問われない国会議員の特権。…（　　　　　　　　）

③国会の権限のなかで最も重要なもの。……………………………（　　　　　　　　）

④衆議院と参議院が異なる議決をした場合にひらかれる会。……………（　　　　　　　　）

⑤1999年に制定された国会改革のための法律。………………………（　　　　　　　　）

Qクイズ　法律を公布するのはどこ（誰）でしょう？　①天皇　②国会　②裁判所

25 内閣と行政

郵政民営化のように，かつては国がおこなっていた事業を民営化した例をあげてみよう。

メモ
⑩である政治家が軍隊を統率するという考えを，**シビリアン・コントロール**という。

メモ
その地位につかせることを⑫，やめさせることを罷免という。

1 内閣と議院内閣制

日本国憲法第66条「内閣は，行政権の行使について，国会に対し❶______して責任を負ふ」──→❷______**制**を採用

・**内閣総理大臣**は❸______のなかから国会の議決で指名

・内閣総理大臣が❹______を任命し，その❺______は❸のなかから選ばれる

──→内閣は，主権者である❻______の代表者からなる国会の信任をもとに行政権を行使

──→衆議院で内閣❼______が可決または内閣信任案が否決されると，**衆議院の**❽______か**内閣総辞職**かを選択しなければならない

2 内閣の構成と権限

(1) 内閣の組織

・第65条「❾______権は，内閣に属する」

・内閣は，内閣総理大臣と国務大臣で組織。軍国主義の再現を防止するという目的で，❿______でなければならないと規定

(2) 内閣の権限

一般行政事務，⓫______の執行，外交関係の処理，予算の作成など

(3) 内閣総理大臣の権限

・国務大臣の⓬______権・罷免権　・⓭______を主宰

・内閣を代表して，内閣作成の法律案や予算案などを⓮______に提出

・一般国務や外交関係について⓮に報告し，行政各部を指揮監督

3 行政機能の拡大と民主化

(1) ⓯______**国家**……⓯の活動分野が拡大，業務内容も専門化・複雑化

第15条「すべて公務員は，⓰______の奉仕者であつて，一部の奉仕者ではない」──→法律で公務員の政治的活動を制限

(2) 行政機能の拡大

・⓱______の増加……具体的事項は政令や省令で定める

・⓲______政治……政策決定にかかわる公務員である⓲が政治を左右

・⓳______……⓲が退職後に職務と関連の深い企業などに再就職

(3) 行政の民主的統制

・⓴______法……行政運営の公正・透明性の確保

・㉑______局……公務員の幹部職員人事を一元管理

・㉒______制度……行政を監視。スウェーデンなどで実施

　p.49 クイズの答え　①

チャレンジしよう

1 見方・考え方 **郵政民営化から，国の事業と民間がおこなう事業について考えよう。**

郵政民営化について，次のA・Bの意見は 結果 と 義務 のどちらを重視したものといえるだろうか。あてはまる方に○をつけよう。

A．郵便事業はユニバーサルサービス（誰もが等しく使えるサービス）であるため，全国的な維持が必要である。　（　結果　・　義務　）

B．過疎地域と人口が集中する地域では，民営化してサービスのあり方を変えていくべきである。　（　結果　・　義務　）

2 Think & Try **行政機関の変化について，図を使って考えよう。**

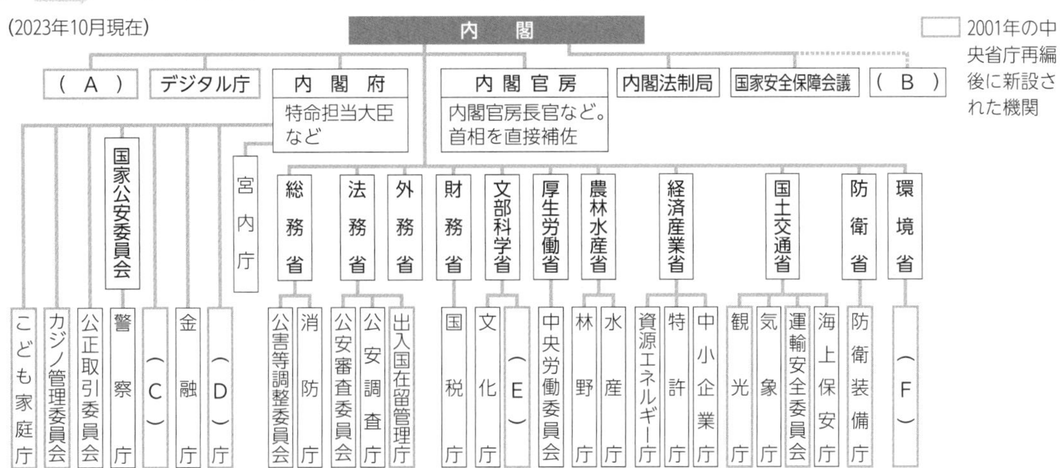

(1) 図のA～Fにあてはまる行政機関名を書きこもう。

A（　　　　　　）　B（　　　　　　）　C（　　　　　　）

D（　　　　　　）　E（　　　　　　）　F（　　　　　　）

(2) 次のア～ウは，中央省庁再編後に新設された行政機関の設置された背景である。あてはまるものを図のA～Fから選び，記号で書きこもう。

（　　）ア．増え続ける消費者問題に対応するため，設置された。

（　　）イ．2011年に起きた東日本大震災からの復興を進めるため，設置された。

（　　）ウ．インターネット利用などによる個人情報保護の必要性の高まりから，設置された。

(3) なぜ行政機関が増えていくのだろうか。国民と政府の双方の観点から理由を考えよう。

Check!

①内閣が国会の信任を基盤として存立する制度。…………………………（　　　　　）

②内閣総理大臣が主宰し，国務大臣全員が出席する会議。………………（　　　　　）

③法律にかかわる具体的な事項を政令や省令などで定めること。………（　　　　　）

④官僚が退職後に職務などと関係の深い企業や団体に再就職すること。（　　　　　）

⑤内閣から独立して公正な公務員人事をおこなうための組織。…………（　　　　　）

Qクイズ　外国人労働者の増加に対応するため，2019年に設置された行政機関は何でしょう？　①観光庁　②出入国在留管理庁　③防衛装備庁

26 地方自治と住民福祉

自分が住む地域の課題を書き出してみよう。

メモ
❸に基づき，1947年に地方自治法が制定された。

メモ
平成の大合併により，1999年３月末に3,232あった市町村数は大幅に減少し，2010年３月末には1,727となった。

メモ
⓬権について，事務的なことに対するものに必要な署名数は，有権者の１/50以上，人に対するものに必要な署名数は，原則として有権者の１/３以上である。

1 民主主義の学校

(1) 「地方自治は❶＿＿＿＿の学校」……ブライス(英)のことば
身近な**地方自治**の確立が❷＿＿＿＿を実現する基礎

(2) 日本国憲法における地方自治
地方公共団体(**地方自治体**)の組織や運営について「❸＿＿＿＿に基いて，法律でこれを定める」(第92条)

❸ { ❹＿＿＿＿**自治**……地方公共団体が国から自立しておこなう
　 { ❺＿＿＿＿**自治**……地域住民が主体となっておこなう

2 地方自治の課題

(1) 地方分権への対応
・❻＿＿＿＿**法**
……地方公共団体と国のおこなう事務を明確に区分
・❼＿＿＿＿の改革……国と地方の財源配分の見なおしを一体的に実施──→十分な成果があがらなかったとする意見も

(2) 地方財政の健全化
巨額の赤字により，❽＿＿＿＿団体となる地方公共団体も

(3) 効率的な住民サービスのあり方
行政の効率化のため，大規模な❾＿＿＿＿を実施

3 地域社会の一員として

(1) 意見や要望を表明
・❿＿＿＿＿や議会への陳情，⓫＿＿＿＿

(2) 住民が直接，地方自治に参加(⓬＿＿＿＿**権**)
・⓭＿＿＿＿の制定・改廃の請求(⓮＿＿＿＿)
・議会の⓯＿＿＿＿，首長や議員の⓰＿＿＿＿の請求(**リコール**)

(3) **住民投票**(⓱＿＿＿＿)
一つの地方公共団体のみに適用される⓲＿＿＿＿の制定には，住民の過半数の同意が必要。最近では，住民投票条例に基づく住民投票も

(4) 地域住民として地方自治に積極的な参加を
住民運動や⓳＿＿＿＿(**非営利組織**)などによる地域へのかかわり

4 災害と向きあう

・⓴＿＿＿＿**コミュニケーション**
……予想される被害について関係する当事者が情報共有・情報交換
・**自助**(自分)，㉑＿＿＿＿(地域)，**公助**(国)で，できることを考える

　p.51 クイズの答え　②

チャレンジしよう

1 地方財政について，グラフを使って考えよう。

(1) 図のAにあてはまる語句を書きこもう。

(　　　　　　　　　　　　　)

(2) ?グラフのなかの自主財源と依存財源の割合はどのくらいだろうか。

自主財源：(　　　　)%　　依存財源：(　　　　)%

〔歳入〕総額92兆350億円(2023年度)

(A) 46.6	地方交付税 20.0			16.3	7.4	6.7

地方譲与税 2.8
地方特例交付金等 0.2
国庫支出金
地方債
その他

↑図　地方財政計画(総務省資料)

2 Think & Try 地方選挙への関心を高める工夫について考えよう。

(1) 自分が住む都道府県や市区町村の首長，議会議員を選ぶ選挙について，最近おこなわれたものの投票率を調べよう。

(2) (1)の投票率を国政選挙とくらべたり，地域の年齢構成などを調べたりして，地方選挙にはどのような特徴があるか考えよう。

(3) (2)をふまえ，地方選挙の投票率を上げるための工夫を考えよう。

3 いまを生きるスキル 災害にそなえ，今のうちからできることを考えよう。

?教科書p.84図2を見て，どのレベルの時にどのような行動をとるか，自宅にいる時と学校にいる時で分けて具体的に考えておこう。

警戒レベル	自　宅	学　校
5		
4		
3		
2		
1		

Check!

①「地方自治は民主主義の学校」と述べたイギリスの政治学者。……………(　　　　　　　　　　)

②国からの交付などによる地方公共団体の財源。……………………………(　　　　　　　　　　)

③住民が直接，地方自治に参加する権利。……………………………………(　　　　　　　　　　)

④自然災害により，どこでどのような被害が発生するのか予測した地図。(　　　　　　　　　　)

⑤災害時に予想される被害について，当事者が情報共有すること。………(　　　　　　　　　　)

Qクイズ　有権者の50分の1以上の署名で要求できることはどれでしょう？　①条例の制定　②議会の解散　③首長の解職

27 国家と国際法

海外旅行に行った時，パスポートはどのような場面で使うのだろうか。

メモ
❷は領土・領海・領空からなる。領土は干潮時の海岸線を基線とする。沿岸から200海里以内は，諸外国が自由に資源採取できない排他的経済水域である。

メモ
⓯は著書『戦争と平和の法』のなかで，戦時においても国家が守るべき規範があることを示した。

1 国際社会のしくみと特質

(1) 国家……現在，❶＿＿＿＿近く存在する
国家の三要素：❷＿＿＿＿・❸＿＿＿＿・**主権**
⟶❹＿＿＿＿とよばれる

(2) ❺＿＿＿＿
……❹が独立し，❻＿＿＿＿なものとして尊重される社会

・❹がもつ主権は，自国の❷内における最高権力（❼＿＿＿＿権）
⟶国家の独立性を維持することができる

・❹より上位の存在がない⟶❽＿＿＿＿を維持することが難しい

・❾＿＿＿＿（**非政府組織**）や多国籍企業など，❹以外の主体も❺に影響をおよぼしている

2 国際法の意義

(1) 国際法とは
国際法……❿＿＿＿＿間の関係を調整し，国際社会を規律するもの
①⓫＿＿＿＿……❿間で合意・明文化。⓬＿＿＿＿のみを拘束
例：国連憲章，日米安全保障条約，パリ協定など
②⓭＿＿＿＿……広く国際社会で認められている。すべての❿を拘束
例：公海自由の原則，国内問題⓮＿＿＿＿の原則など
国際社会の枠組みが確立した17世紀のヨーロッパで，⓯＿＿＿＿らを中心に発展の機運が加速

(2) 国際法の意義と限界
国際社会では⓰＿＿＿＿に違反した者に制裁を科すしくみが確立されていない⟶国際法には限界があるが，その重要性は高まっている

3 国際裁判制度

(1) 国家間の紛争を⓱＿＿＿＿的に解決する手段
①常設仲裁裁判所
②⓲＿＿＿＿**裁判所**（ICJ）
・判決は，関係国に対して拘束力を⓳＿＿＿＿
・裁判を始めるには紛争当事国すべての⓴＿＿＿＿が必要

(2) 国家間の紛争以外の国際裁判制度
①㉑＿＿＿＿**裁判所**（ICC）……個人の国際犯罪を裁く
②㉒＿＿＿＿**裁判所**……国家間の海洋における事件を扱う

p.53クイズの答え　①

チャレンジしよう

1 主権について，図を使って考えよう。

(1) 図のＡ～Ｃに領域を示す語句を書きこもう。

Ａ(　　　　　　)　Ｂ(　　　　　　)

Ｃ(　　　　　　)

(2) 図の①～③にあてはまる数字を書きこもう。

①(　　　　)　②(　　　　)

③(　　　　)

(3) 排他的経済水域では，沿岸国がどのような権利をもつか。

↑図　主権のおよぶ範囲

(4) 教科書p.87・TOPICで取り上げた日本人拉致問題は，国際法の面から考えるとどのような点が問題だろうか。空欄にあてはまる語句を書きこもう。

・日本の①＿＿＿＿において日本人を拉致するという行為は，日本の②＿＿＿＿侵害にあたる。

・拉致被害者とその家族にとってみれば，国際人権法により保障された③＿＿＿＿＿＿＿＿の侵害にあたる。

2 国際裁判制度について考えよう。

(1) 国際連合に属し，国家間の紛争を平和的に解決することを目的として1946年に設置された裁判所を何というだろうか。　(　　　　　　　　)

(2) (1)の裁判所がある国と都市はどこだろうか。　国(　　　　)　都市(　　　　)

(3) 今，Ａ国とＢ国が争っている。Ａ国は平和的な解決を望んでいるので，(1)の裁判所で裁判をおこなおうとした。しかし，Ｂ国はこれに合意しないという。この場合，裁判を開始することはできるのだろうか。 **ヒント** 裁判の開始には，紛争当事国双方の同意が必要である。　(　　　　　　)

(4) 国際裁判制度の意義と課題について，自分のことばでまとめよう。

Check!

①国家の三要素。…………(　　　　　　)

②主権国家がたがいに独立し，平等なものとして尊重される社会。…………(　　　　　　)

③国家の枠にとらわれず，国際社会の課題に取り組む市民ネットワークの中核となる組織。

…………(　　　　　　)

④「国際法の父」とよばれるオランダの法学者。…………(　　　　　　)

⑤集団殺害犯罪などを犯した個人を裁く裁判所。…………(　　　　　　)

Qクイズ　パスポート内のICチップの役割は何でしょう？　①偽造防止　②GPS機能　③クレジット機能

28 国境と領土問題

知っている領土問題をあげよう。

メ　モ

❽紛争は，インドとパキスタンがイギリスから独立した際，インドへの帰属を決めたヒンドゥー教徒のカシミールの藩王と，それに反発するムスリム住民との対立をきっかけに，戦争にまで発展した対立である。

1 国境

国境……国の❶＿＿＿＿のおよぶ領域の境界

①❷＿＿＿＿国境……海や河川など自然上の境界を利用

②❸＿＿＿＿**国境**……経緯線などを利用

西アジア諸国や❹＿＿＿＿諸国の国境には，❺＿＿＿＿時代に宗主国側が民族分布を無視して定めたものも多い

⟶❻＿＿＿＿や国境をめぐる近隣諸国の争いの火種

2 国境と領土をめぐる動き

領土……国民の基本的な生活を保障し，❼＿＿＿＿を確保するうえでも重要

⟶さまざまな理由で，紛争の火種となる

(1) 世界のおもな領土問題

・❽＿＿＿＿紛争……インドとパキスタンの間の対立

・❾＿＿＿＿問題

……❿＿＿＿＿人とパレスチナ人の間の対立

・⓫＿＿＿＿諸島（南沙諸島）の帰属をめぐる問題

……豊富な⓬＿＿＿＿をもち，中国など周辺諸国が領有を主張

(2) 日本の領土をめぐる問題

①⓭＿＿＿＿**問題**……ロシアとの対立

・日本の主張：日露和親条約（1855年）により，歯舞群島・色丹島・⓮＿＿＿＿島・⓯＿＿＿＿島の⓭は日本固有の領土

⓰＿＿＿＿平和条約（1951年）で放棄した千島列島には含まれない

・ロシアの主張：⓱＿＿＿＿協定（1945年）を通して⓭を獲得

⓲＿＿＿＿宣言（1956年）「平和条約締結後に歯舞・色丹を引き渡し」

②韓国との間の⓳＿＿＿＿の帰属をめぐる問題

日本は⓴＿＿＿＿裁判所への付託を数度提案したが，韓国は拒否

⟶付託には両国の㉑＿＿＿＿が必要となるため，ハードルが高い

③地下資源があり，中国が領有を主張している㉒＿＿＿＿

日本は「領土問題は㉓＿＿＿＿」との立場

⟶主張の隔たりは大きいが，早期の解決が望まれる

⟶当事国の交渉を解きほぐすうえで，㉔＿＿＿＿の役割は大きい

例：バカシ半島の帰属問題（カメルーンとナイジェリアの対立）

p.55 クイズの答え　①

チャレンジしよう

1 国境について，地図を使って考えよう。

(1) 右図について，民族の分布と国境線が一致しないのはなぜだろうか。

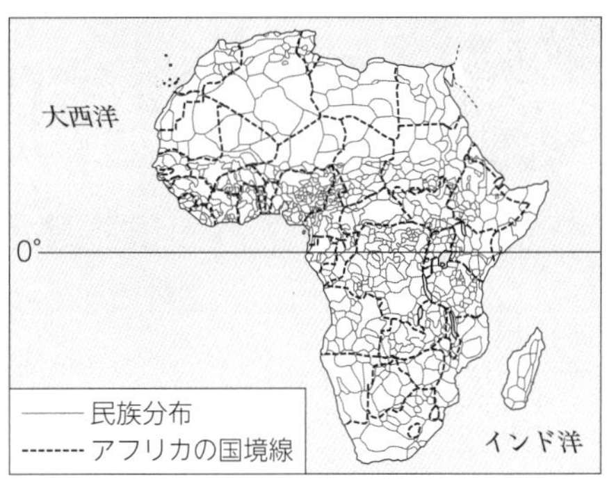

↑図　アフリカの国境線

(2) (1)の状態だと，どのような問題が起きやすいだろうか，自分の考えを書こう。

2 日本の領土をめぐる動きについて，地図を使って考えよう。

(1) 地図の①～④にあてはまる条約名を書きこもう。

①(　　　　　　　　)　②(　　　　　　　　)

③(　　　　　　　　)　④(　　　　　　　　)

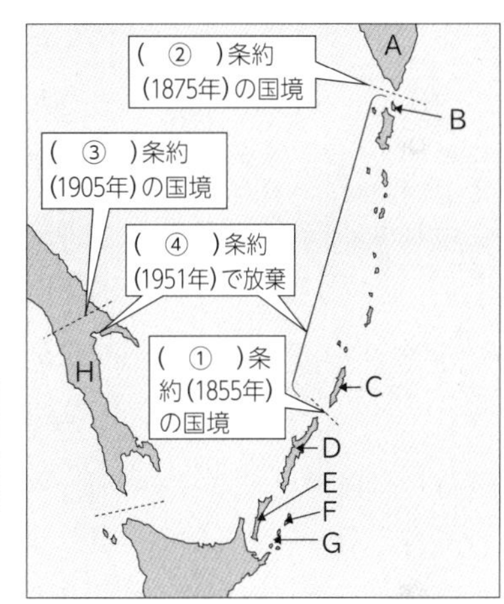

↑図　北方領土をめぐる歴史的経緯

(2) 日本が固有の領土と主張している四島を次の選択肢から選び，その位置を地図のA～Hから選んで書こう。

(　　　　，位置：　)　(　　　　，位置：　)

(　　　　，位置：　)　(　　　　，位置：　)

〔選択肢〕	国後島	得撫島	色丹島	歯舞群島
	占守島	カムチャツカ半島	択捉島	樺太

(3) 竹島の帰属をめぐり，日本は国際司法裁判所への付託を提案したが，実現していない。その理由を国際裁判制度の特徴をふまえて書こう。

(4) 尖閣諸島について，空欄にあてはまる語句を書きこもう。

・尖閣諸島は，①＿＿＿＿県にある日本固有の領土である。

・尖閣諸島の海底には，②＿＿＿＿や③＿＿＿＿資源が埋蔵されていると推定され，④＿＿＿＿や台湾当局が領有を主張するようになっている。

Check!

①国の主権のおよぶ領域の境界。……………………………(　　　　　　)

②民族の分布を無視し，経緯線などをもとに引かれた国境。………(　　　　　　)

③インドとパキスタンの間の領土問題。……………………(　　　　　　)

④第二次世界大戦後，日本が千島列島および南樺太を放棄した条約。……(　　　　　　)

⑤島根県にあり，日本と韓国の間で領土問題が起きている島。………(　　　　　　)

Qクイズ　日本最南端の島で，1987年に保全工事がおこなわれた島はどれでしょう？　①竹島　②沖ノ鳥島　③壱岐島

29 国際連合の役割と課題

国際連合について，知っている団体や活動をあげよう。

メモ

20世紀初頭まで一般的に見られた❹は，各勢力への不信感から軍拡競争に陥りやすかった。

1 国際連合の成立

主権国家は❶　　　で他国から独立し，❷　　　されないことが原則

──→自国の権利が侵害されても，守ってくれる権威が存在しない

──→❸　　　の発生──→❸を抑制する方策が考えられた

(1) ❹

・❺　　　を結び，各勢力がバランスをとることで平和を維持

・軍拡競争に陥りやすく，❻　　　を未然に防げなかった

(2) ❼　　　**体制**

・利害が異なる国も同じ組織を構成し，違反国があればすべての国々が制裁

・1920年に❽　　　が設立

──→大国の不参加などの欠陥があり，第二次世界大戦をまねく

・1945年に❾　　　が成立し，❼機能が強化

2 国際連合の目的と役割

(1) 国際連合の目的

国際社会の❿　　　と⓫　　　を守り，そのための国際協力を推進

(2) 国際連合の組織

⓬　　　により⓭　　　つの主要機関が設置

①⓮　　　……年１回開催され，全加盟国により構成

・表決は⓯　　　，議決権は一国⓰　　　票

②⓱　　　……❿と安全の維持に関する機関

・５か国の⓲　　　（米・英・仏・ロ・中）

・10か国，任期２年の⓳

・⓴　　　権……⓲のうち一国でも反対すれば議決は成立しない

（㉑　　　**の原則**）

・㉒　　　（**国連平和維持活動**）も重要性を増している

メモ

㉒は停戦監視・兵力引き離し・行政支援などの活動のために派遣されている。⓬に具体的な規定はなく，第６章（平和的な手段）と第７章（強制的な手段）の中間的な性格をもつことから，「６章半活動」ともよばれる。

3 国際連合の課題

国際社会の変容にともない，課題は年々増加し，多様化している

①主要国の意見の不一致による安全保障機能の限界

・冷戦期……米ソの対立により㉓　　　権の使用が目立ち，限界を露呈

──→「㉔　　　」**決議**（1950年）

・㉕　　　国の台頭──→安全保障理事会の構成の見なおしも議論

②深刻な㉖　　　難──→安定的な財源の確保

国際社会唯一の国際平和維持機構として，各国の協力が必要

p.57クイズの答え　②

チャレンジしよう

1 国際連盟と国際連合について，表をつくって考えよう。

	国際連盟	国際連合
設立年	①　　　　　年	②　　　　　年
本部	ジュネーブ(スイス)	③　　　　　(　　　　　)
加盟国	原加盟国42か国 提案国である④　　　　　が不参加	原加盟国51か国 2023年10月現在，⑤　　　　　か国
議決方法	⑥　　　　　制	⑦ 安全保障理事会は，⑧　　　　　の原則
制裁措置	⑨　　　　　のみ	⑨とともに⑩　　　　　も

(1) 表の①～⑩に適切な語句を入れ，表を完成させよう。

(2) 表のなかから国際連盟の欠陥と考えられるものを取り上げ，それがどのような問題を起こし，国際連合ではどのように見なおされているかまとめよう。

2 国際連合について，図を使って考えよう。

(1) 国際連合機構図のA～Fにあてはまる機関の名称や欧文の略称を書きこもう。

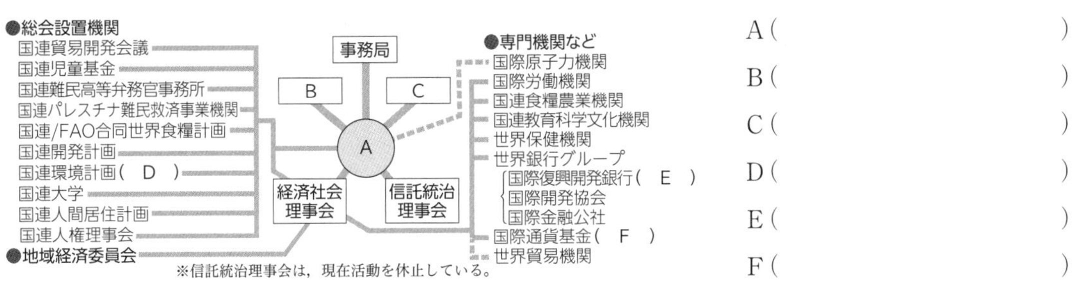

A (　　　　　)
B (　　　　　)
C (　　　　　)
D (　　　　　)
E (　　　　　)
F (　　　　　)

(2) 右の図を見て気づいたことをあげ，国連の課題について考えよう。

(人) (2021年12月)
400, 300, 200, 100, 0
アメリカ 359　中国 106　日本 68　ドイツ 141　イギリス 119　フランス 140　イタリア 128　カナダ 94

(2022～24年)
アメリカ 22.0%　中国 15.3　日本 8.0　ドイツ 6.1　イギリス 4.4　フランス 4.3　イタリア 3.2　カナダ 2.6　その他 34.1

→図 国連分担金の比率と事務局職員数
(国連資料ほか)

☑ Check!

①同じ利害をもつ国が軍事同盟を結び，力のバランスを保つ方策。………(　　　　　)

②集団安全保障を基本原理とする1920年設立の国際平和機構。……………(　　　　　)

③国際社会における平和の維持を目的とした国際連合の機関。……………(　　　　　)

④③の議決の成立は，全常任理事国の賛成を必要とする原則。……………(　　　　　)

⑤紛争地の治安維持や選挙監視などをおこなう，国連の活動。……………(　　　　　)

Qクイズ　国連の主要機関のなかで現在活動していないものはどれでしょう？　①経済社会理事会　②事務局　③信託統治理事会

平和主義と安全保障／日本の安全保障体制の変容

被爆地である広島や長崎を訪れたことはあるだろうか。

1　憲法と自衛隊

(1)　日本国憲法における**平和主義**

・前文：平和主義の理念，❶＿＿＿＿**権**達成のための国際協調

・第９条：❷＿＿＿＿**の放棄**，❸＿＿＿＿**の不保持，交戦権の否認**

(2)　国防の任務をもつ❹＿＿＿＿が創設(1954年)

憲法第９条との関係は，法廷でたびたび争われた

・政府見解：憲法で禁止している❸とは，❺＿＿＿＿のための必要最小限度をこえる実力をさすもので，❹は❸にはあたらない

・裁判所：❻＿＿＿＿などを理由に憲法判断を回避

2　日本の防衛政策

(1)　日本の防衛政策の原則

・❼＿＿＿＿……相手から武力攻撃を受けて初めて防衛力を行使

・❽＿＿＿＿(**文民統制**)……政府や国会が自衛隊を民主的に統制

・❾＿＿＿＿……核兵器を「もたず，つくらず，もちこませず」

(2)　日米安全保障体制

・❿＿＿＿＿**条約**(1951年締結，1960年改定)

・日本の安全とアジアの平和の維持のために⓫＿＿＿＿を設置

──→沖縄に⓫の⓬＿＿＿＿%が集中

──→⓭＿＿＿＿の見なおし，⓫の整理が課題

3　日本の安全保障体制の変容

(1)　日本の防衛政策の変容

背景：国際社会における大量破壊兵器の拡散の恐れやテロの脅威の増加

・⓮＿＿＿＿**法**の改正(2015年)

──→日本の存立を脅かす事態には⓯＿＿＿＿**権**が行使可能に

・⓰＿＿＿＿の策定(2014年)

──→平和貢献などを条件として，武器輸出や共同開発が認可

(2)　自衛隊の活動範囲の拡大

背景：地域紛争の頻発──→⓱＿＿＿＿として自衛隊の派遣が要求

・⓲＿＿＿＿**協力法**(1992年)──→自衛隊を⓲(**国連平和維持活動**)に派遣

・⓳＿＿＿＿**法**(2015年)──→後方支援として自衛隊を派遣

・日米防衛協力のための指針(⓴＿＿＿＿)改定(2015年)

──→日米の安全保障協力が㉑＿＿＿＿規模に拡大

メモ

❿条約と憲法第９条について争われた砂川事件では，❻に基づき憲法判断を回避した(1959年)。

メモ

⓭は，米兵が犯罪を起こして起訴された後でなければ身柄の引き渡しがおこなわれない根拠にもなっている。公務中の米兵を日本では裁けず，また公務外でも，基地に逃げこまれたら容疑者の引き渡しが滞るなど，問題が指摘されている。

p.59クイズの答え　③

・㉒　　　　　　　　　　　　法(2015年)

⟶自衛隊の活動範囲に地理的な制約なくなる

(3) 有事への対応

背景：中国の軍事的台頭，㉓　　　　　　の核開発など周辺諸国の緊迫化

・⑭法を軸とする有事法制で対処

・㉔　　　　　　　　　法(2004年)

⟶有事における政府や地方公共団体の役割を定める

(4) ㉕　　　　　　　　　をもつ国として⑰のあり方が問われている

チャレンジしよう

1 沖縄の基地問題について，地図とグラフを使って考えよう。

(1) 右の地図で，中心の沖縄からの距離が2,000km以内のエリアを赤でぬろう。

(2) (1)と同じように，沖縄からの距離が2,000～4,000kmのエリアを青でぬろう。

(3) 札幌とマニラ(フィリピン)だと，どちらの方が沖縄と近いか，地図を見て書きこもう。　(　　　　　　)

(4) (1)～(3)の学習内容や図1・2もふまえ，沖縄の基地問題にはどのような問題があり，どう向きあいたいか，自分のことばで書こう。

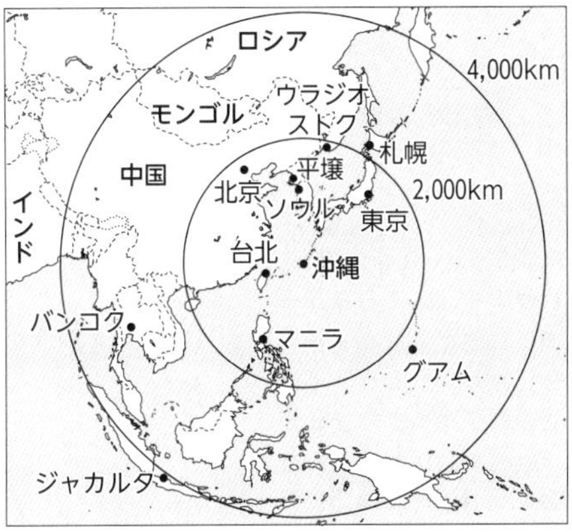

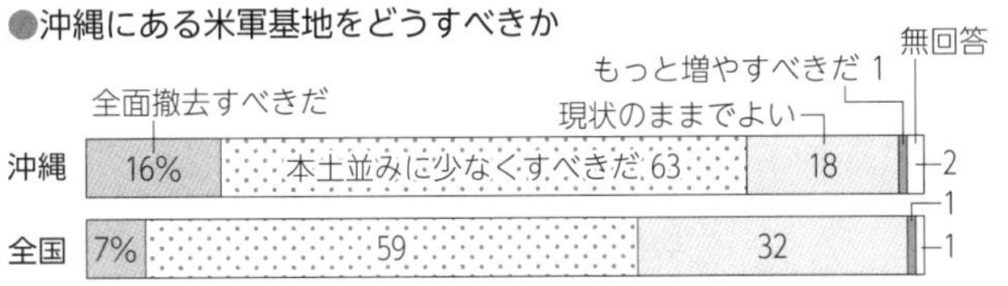

●沖縄にある米軍基地をどうすべきか

	全面撤去すべきだ	本土並みに少なくすべきだ	現状のままでよい	もっと増やすべきだ	無回答
沖縄	16%	63	18	1	2
全国	7%	59	32	1	1

↑図1　世論調査に見る沖縄と全国の意識のずれ(2022年)(NHK資料)

沖縄	青森	山口	東京	神奈川	その他
70.3%	9.0	3.3	5.0	5.6	6.8

↑図2　在日米軍施設・区域都道府県別面積の割合(2022年)(防衛省資料)

Check!

①高度の政治的判断が必要な国家の行為には，司法的な判断はなじまないとする考え。
……………………(　　　　　　　　　　　　)

②相手から武力攻撃を受けた時に初めて防衛力を行使するという考え。(　　　　　　　　　　　　)

③サンフランシスコ平和条約と同じ日に日米間で結ばれた条約。………(　　　　　　　　　　　　)

④同盟国が攻撃された場合，武力での反撃に協力・参加する権利。……(　　　　　　　　　　　　)

⑤国際貢献を求める国際社会の声を背景に，1992年に制定された法律。(　　　　　　　　　　　　)

Qクイズ　自衛隊の前身である警察予備隊が発足した1950年に起きた戦争は何でしょう？　①朝鮮戦争　②ベトナム戦争　③イラク戦争

31 核兵器の廃絶と国際平和

核兵器のない世界を求める動きとして，知っているものをあげよう。

メモ
冷戦期の1962年，アメリカのそばにあるキューバにソ連がミサイル基地を建設しようとし，米ソ間の緊張が高まるキューバ危機が起きた。この危機を回避した両国間にはホットラインが設置され，その後の軍備管理につながった。

メモ
ウクライナ侵攻を背景として，2023年，ロシアが⑫の履行を停止している。

メモ
2016年，オバマ米大統領(当時)が現職として初めて被爆地・広島を訪問し，「核保有国は，恐怖の理論から逃れ核兵器のない世界をめざす勇気をもたなければならない」と語った。

1 核兵器の脅威

第二次世界大戦：人類史上初めて❶＿＿＿＿が使用される

冷戦：米ソによる❶開発競争，ほかの国にも広がる

❷＿＿＿＿論……❶により他国からの攻撃を防げるという考え

2 国際社会の核軍縮の取り組み

(1) 核管理・軍縮をめぐる動き

1963年	❸＿＿＿＿(部分的核実験禁止条約)
1968年	❹＿＿＿＿(**核兵器拡散防止条約**) ……多国間の核管理体制の柱。原子力の平和利用を目的として， ❺＿＿＿＿(国際原子力機関)が活動
1972年	第１次❻＿＿＿＿(戦略兵器制限条約)
1987年	❼＿＿＿＿**条約**……米ソが初めて核兵器廃棄に合意
1991年	第１次❽＿＿＿＿(戦略兵器削減条約)
1996年	❾＿＿＿＿(**包括的核実験禁止条約**)　＊未発効 ……核爆発をともなうすべての核実験を禁止
1997年	❿＿＿＿＿条約：①
2008年	⓫＿＿＿＿条約：②
2010年	⓬＿＿＿＿
2013年	武器貿易条約……通常兵器の国際的な管理強化
2017年	⓭＿＿＿＿**条約**：③　＊日本は不参加 ……核兵器の使用や開発，実験，保有などを全面的に禁止

①〜③の条約では，⓮＿＿＿＿が採択に主導的な役割を果たす

(2) 現在の動き

・核兵器国がいない地域で，⓯＿＿＿＿条約を結ぶ動き
⓯条約……核兵器の使用，実験，配備をおこなわないとした地域

・アメリカは⓰＿＿＿＿(MD)システムの配備や❼条約からの離脱など，核戦略体制の見なおしを進める動き
背景：ロシアや⓱＿＿＿＿の軍事的脅威の拡大，北朝鮮の核開発など

3 核兵器のない世界へ

冷戦後の軍縮は，米ソ(ロ)で信頼構築を進めて条約化することで進んだ

⟶核拡散防止のためには，⓲＿＿＿＿(CBM)などによる関係の構築が必要

⟶日本は唯一の⓳＿＿＿＿国として，信頼醸成のかけ橋に

p.61 クイズの答え　①

チャレンジしよう

1 核拡散の現状について，地図を使って考えよう。

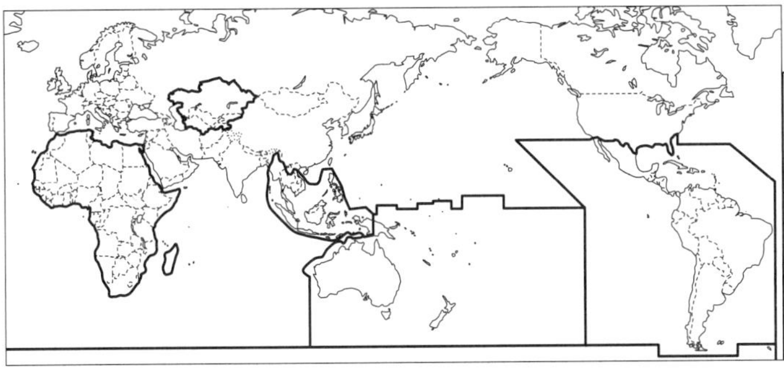

A…青
ロシア，アメリカ，フランス，中国，イギリス
B…赤
インド，パキスタン
C…黄
イラン，イスラエル，北朝鮮
□…非核兵器地帯

(1) 凡例にしたがって，A～Cにあてはまる国に色をぬろう。

(2) A～Cは，それぞれどのような国を示したものか，あてはまる記号を書きこもう。

①核開発・保有疑惑国(　　　)　②核保有国(　　　)　③NPT未加盟の核保有国(　　　)

(3) ？南半球では非核兵器地帯が広がっているのに，なぜ北半球ではその動きが広がらないのだろうか。

ヒント (2)②で選んだ国々に共通することを考えよう。

2 Think & Try 「囚人のジレンマ」の思考実験から，核軍縮に必要なものを考えよう。

(1) 次のような状況の時，おたがいにとって最良の状況とは，どのような状況だろうか。

・A国とB国の代表は，おたがいに会談できない状況である。
・戦略の選択は同時で，協力するか，協力しないかのいずれかを選ぶ。
・その結果，両国は表中に示されている結果を得る。

		B国	
		協力：核廃棄	裏切り：核保有
A国	協力：核廃棄	4点 / 4点	5点 / 1点
	裏切り：核保有	1点 / 5点	2点 / 2点

(2) A国が核廃棄に協力することを選べないとしたら，B国はどのような選択になるだろうか。

(3) (1)，(2)から，核軍縮を進めていくためには，何が必要と考えられるだろうか。

Check!

①核兵器保有により軍事的に優位に立ち，他国からの攻撃を防ぐ考え。(　　　)

②多国間の核管理体制の柱となる条約。……………………………(　　　)

③2017年に国連で採択された，核兵器を包括的に禁止する条約。………(　　　)

④米ソによる軍縮史上，初めての核兵器削減条約。…………………(　　　)

⑤関係国間の不信感を取り除き，紛争を防ぐことを目的とした政策。…(　　　)

Qクイズ　核兵器禁止条約の採択に主導的な役割を果たしたNGOは何でしょう？　①ICAN　②IAEA　③MSF

32 今日の国際社会

現在の国際社会で一体化が進んでいると感じる例，分断化が進んでいると感じる例をあげよう。

メモ

❼期には，米ソが直接戦火を交えることはなかったが，核兵器などの軍拡競争や，**朝鮮戦争・ベトナム戦争**などの代理戦争など，さまざまな形で対立が見られた。

1 東西冷戦

第二次世界大戦後：約50年続く❶と❹の二大国の覇権争い

❶＿＿＿中心 ❷＿＿＿主義諸国（西側） 軍事同盟：**北大西洋条約機構** （❸＿＿＿）（1949年）	対立（❼＿＿＿）	❹＿＿＿中心 ❺＿＿＿主義諸国（東側） 軍事同盟：❻＿＿＿ 機構（WTO）（1955年）

世界的な反核運動の高まり，
❽＿＿＿費の負担
↓
1989年　❾＿＿＿**会談**……❶と❹の首脳が❼の終結を宣言

1991年　❹消滅⟶❶が唯一の超大国に

2 大国の覇権争い

冷戦後：アメリカが国際社会をリードし，❿＿＿＿経済と⓫＿＿＿主義の考えが世界に広がる

❿経済を採用した国々で自由貿易協定の締結が進む

⟶⓬＿＿＿化の進展⟶新興国の経済成長

①中国：⓭＿＿＿を導入して経済成長
⟶世界第⓮＿＿＿位の経済大国に⟶軍事力を増強し台頭

②ロシア：⓯＿＿＿の高騰を背景に経済成長⟶軍事的な立場強化

3 脅威の複雑化と多様化

冷戦後：「資本主義」対「社会主義」の⓰＿＿＿対立が消滅
↓　脅威の複雑化・多様化

・潜在化していた人種・民族・⓱＿＿＿の違いによる対立が再燃

・2001年　⓲＿＿＿**事件**
⟶⓳＿＿＿の不安や脅威が国際社会に広がる

・東アジアでは，領有権をめぐり⓴＿＿＿事態の増加

・科学技術の進展⟶㉑＿＿＿攻撃や情報操作など，軍事・非軍事の境界が曖昧な㉒＿＿＿戦といわれる新たな脅威も

4 対立と分断をこえて

グローバル化による一体化

⟶テロの頻発や㉓＿＿＿の台頭などの分断・対立

⟶対立と分断をこえた㉔＿＿＿の歩みが必要

国家，国際連合などの大きな枠組みだけでなく，㉕＿＿＿（非政府組織）や企業，私たち市民の連携も求められる

p.63 クイズの答え　①

チャレンジしよう

1 冷戦期の国際社会について，年表と地図を使って考えよう。

資本主義諸国	対立	社会主義諸国	第三世界
1946 「鉄のカーテン」演説 1947 トルーマン・ドクトリン 1947 マーシャル・プラン 1949 北大西洋条約機構(NATO)成立	1950〜53 （ ① ） 1960〜75 ベトナム戦争 1961 「（ ② ）」構築 1962 キューバ危機	1947 コミンフォルム結成 1949 経済相互援助会議(COMECON)成立 1955 ワルシャワ条約機構(WTO)成立	1954 ネルー・周恩来会談 →平和５原則 1955 （ ③ ）（アジア・アフリカ会議） →平和10原則 1961 非同盟諸国首脳会議

1989 （ ④ ）→冷戦の終結　1990 東西ドイツの消滅　1991 CIS創設，ソ連消滅

(1) 年表の①～④にあてはまる語句を書きこみ，その説明を次のア～エから選んで記号を書こう。

ア．西ベルリンを囲む壁で，東西対立の象徴であった。1989年に撤去された。

イ．アジア・アフリカの新興諸国が開いた会議で，基本的人権の尊重，領土と主権の尊重，内政不干渉などの平和10原則を採択した。

ウ．ソ連・中国に支援された北朝鮮と，アメリカ軍を中心とする「国連軍」に支援された韓国との戦争。

エ．アメリカのブッシュ大統領とソ連のゴルバチョフ書記長による会談で，冷戦の終結を宣言した。

①（　　　　，　）　②（　　　　，　）

③（　　　　，　）　④（　　　　，　）

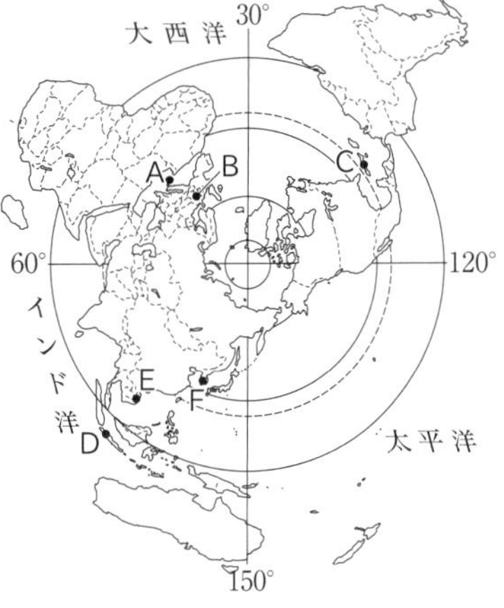

(2) 右の地図に，アメリカを青で，ロシア(旧ソ連)を赤でぬろう。

(3) 年表の①～④が発生した場所を，地図中のA～Fの地点から選び，記号を書こう。

①（　　）　②（　　）　③（　　）　④（　　）

ヒント ①，③はアジア，②，④はヨーロッパのできごとである。

(4) 現在も分断されたままになっている地域を地図中のA～Fの地点から選び，記号を書こう。（　　）

2 自分のことばで書こう。

世界の一体化は，人々を幸福にするのだろうか。それとも自国の利益を守ることが人々を幸福にするのだろうか。具体例をあげながら考えよう。

Check!

①人間の行動を左右する根本的なものの考え方。……………………………（　　　）

②中国の周恩来とインドのネルーとの会談で話しあわれ，平和10原則のもととなった原則。……………………（　　　）

③1962年にミサイル基地建設をめぐって起こった米ソ間の対立。………（　　　）

④2001年９月11日にアメリカで発生したテロ事件。…………………………（　　　）

⑤2010～11年に中東・北アフリカにひろがった民主化運動。……………（　　　）

Qクイズ　自動飛行する無人攻撃機などに搭載され，新たな兵器として研究が進むものは何か。　①対人地雷　②大陸間弾道弾　③AI兵器

33 人種・民族問題と地域紛争／国際社会における日本の役割

SDGsの目標達成につながることで，自分がおこなっていることがあればあげよう。

1 紛争の背景

(1) 冷戦後の国際社会の変容

冷戦後，さまざまな対立が表面化し，❶＿＿＿＿の要因に

・文化・慣習・宗教の違い──→❷＿＿＿＿や偏見が生まれる

・❸＿＿＿＿・❹＿＿＿＿の違い──→政治的な対立が悪化

(2) 紛争の事例とその背景

①❺＿＿＿＿紛争

……民族構成が複雑な土地で欧米諸国の介入もあり，複雑化

②西アジアの❻＿＿＿＿人問題，

アフリカの❼＿＿＿＿内戦，ルワンダ内戦

……❽＿＿＿＿時代に宗主国が決めた❾＿＿＿＿と民族の居住範囲が一致しないことが内戦の火種に

2 難民問題

難民……❿＿＿＿＿的な迫害や戦火などの事情で自国を離れる人々

紛争により年々増加──→国際社会の対応求められる

・⓫＿＿＿＿（**国連難民高等弁務官事務所**）による難民の保護や支援

・⓬＿＿＿＿により難民の取り扱いの人道的基準を示す

3 日本の外交

日本の**外交の三原則**

……①⓭＿＿＿＿中心主義，②⓮＿＿＿＿諸国との協調，

③⓯＿＿＿＿の一員としての立場の堅持

・⓰＿＿＿＿安全保障条約の改定（1960年）……平和と安定に大きな役割

・⓱＿＿＿＿**条約**（1965年）……韓国を朝鮮唯一の合法政府と承認

・⓲＿＿＿＿**条約**（1978年）……中国との友好関係発展

・⓳＿＿＿＿**会談**（2002年）……日本人拉致被害者５人が帰国

4 日本に求められる役割

(1) 日本の国際社会での役割

・⓴＿＿＿＿（国連平和維持活動）など，国連での存在感高める

・主要国首脳会議（㉑＿＿＿＿）の開催国としても重要な役割

(2) 紛争や環境破壊，貧困などの国際的な課題に対して

国連は㉒＿＿＿＿を掲げ，その理念を下支えに

㉓＿＿＿＿（**持続可能な開発目標**）を採択

──→取り組みを通じて，国際社会全体の平和と安全の土台を築く

メモ

㉑は，石油危機後の先進国の経済問題を協議するため，1975年に先進国首脳会議として開催された。2014年以降の㉑は，ロシアをはずした7か国でおこなわれている。

p.65 クイズの答え　③

チャレンジしよう

1 パレスチナ問題について，地図を使って考えよう。

(1) パレスチナ問題について，下の①～④にあてはまる語句を書きこもう。

1948年，① 人によってパレスチナの地に② が建国された。それにともない，③ を信仰するパレスチナ人が家や故郷を失い④ となり，②との間で激しい抗争をくり広げてきた。

(2) 右の地図中に，イスラエルが占領している地域を赤でぬろう。

(3) 右の地図中のAは，三つの宗教の聖地でもある。都市名と，この都市を聖地とする宗教名を書こう。 都市（ ）

宗教（ ）（ ）（ ）

地中海
レバノン
シリア
パレスチナ自治区
（ガザ地区と，ヨルダン川西岸地区の4割の地域）
ゴラン高原
ヨルダン川
A
死海
ガザ地区
イスラエル
ヨルダン川西岸地区
エジプト
ヨルダン

2 難民について，図を使って考えよう。

ヒント 教科書後見返しの世界地図も活用しよう。

(1) 難民はどの地域に多く見られるだろうか。

(2) ？難民の受け入れ国には，どのような特徴があるのだろうか。

難民発生国		受け入れ難民数の多い国	
シリア	655(万人)	トルコ	357(万人)
ウクライナ	568	イラン	343
アフガニスタン	566	コロンビア	246
南スーダン	230	ドイツ	208
ミャンマー	125	パキスタン	174
コンゴ民主共和国	93	ウガンダ	146
スーダン	84	ロシア	128

↑図 難民発生国と受け入れ難民数の多い国（2022年）
（『世界国勢図会』2023/24年版）

3 SDGsの目標や考え方について，事例を使って考えよう。

(1) ？次の教科書p.102～103図2にあげられたア～オの事例は，SDGsの17の目標のうちどの目標の達成につながるのだろうか。目標の番号を書こう。複数の目標をあげてもよい。

ア．日本の母子手帳を広げる活動
イ．衛生的なトイレの普及を進める活動
ウ．地下鉄の整備
エ．子どもたちに絵本を届ける活動
オ．MSC「海のエコラベル」がついた食品を選ぶ

ア（ ） イ（ ） ウ（ ） エ（ ） オ（ ）

(2) 見方・考え方 SDGsの理念に，人間の尊厳と平等の考え方がどのようにいかされているのだろうか。

Check!

①南アフリカ共和国でおこなわれた人種隔離政策。…………（ ）
②紛争や災害などを理由に，国内で避難生活を送る人々。…………（ ）
③国際社会における難民の保護や支援に取り組む国連機関。…………（ ）
④生命を脅かす脅威から個々の人間を守ろうとする考え。…………（ ）
⑤国連で採択された，国際社会が2030年までに取り組むべき目標。……（ ）

Qクイズ 1975年に最初の先進国首脳会議が開催された国はどこでしょう？ ①中国 ②アメリカ ③フランス

34 私たちから未来へ 国際平和のために日本は何ができるのだろうか

▶タイトルにあげた問いについて，自分の考えを書いておこう。

1 課題の把握 消えぬ戦火

次のア～エの紛争の解説について，①～⑦にあてはまる語句を書きこもう。また，その場所を地図のA～Fから選び，記号で書こう。

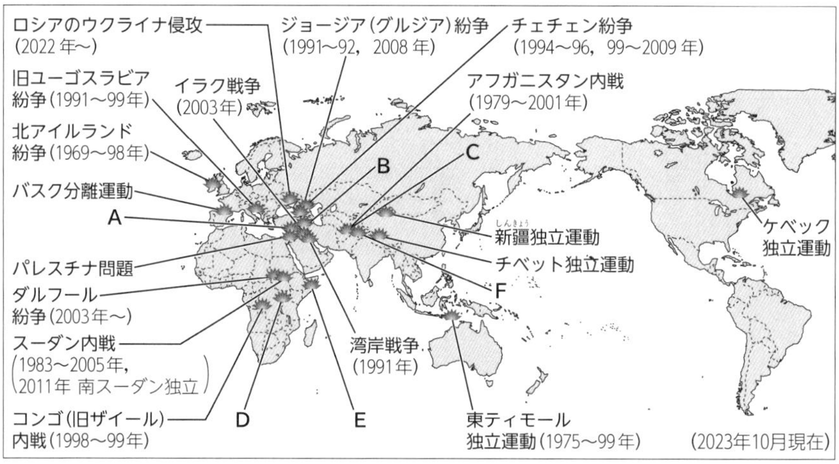

ア．シリア内戦　地図上の場所：〔　　　〕

2010～11年に中東・北アフリカで起きた民主化運動「①　　　　」をきっかけとして反政府デモが起き，内戦に発展した。多くのシリア国民が国外へ脱出して②　　　　となっている。

イ．③　　　　人の独立運動　地図上の場所：〔　　　〕

国家をもたない最大の民族である③人は，トルコ，イラン，イラク，シリアなどに居住している。各国で少数民族として迫害を受け，独立運動を展開している。

ウ．④　　　　問題　地図上の場所：〔　　　〕

インド，⑤　　　　の境に位置する④地方の帰属をめぐる問題。この問題で両国は二度の戦争を経験した。停戦ラインは定められているが，断続的に続く戦闘から，核保有にまで発展した。

エ．⑥　　　　内戦　地図上の場所：〔　　　〕

1991年に独裁政権が打倒された後，各部族間での対立が激化し，内戦状態に陥った。国連も⑦　　　　を派遣して事態の打開をはかったが，成果が上がらず撤収した。現在も治安は回復していない。

メモ

2022年にロシアがウクライナに侵攻した際には，ロシアやウクライナからの原料やエネルギー資源に依存していた国の物価が高騰するなど，世界経済に大きな混迷をもたらした。

メモ

⑥の周辺海域では，生活に困窮した漁民が海賊となり，近海を通る船舶を襲撃する事態が頻発した。これを受けて，国連安全保障理事会では，海賊対処に関する決議をおこなった。日本は2009年に海賊対処法を成立させ，周辺海域に護衛艦を派遣した。

p.67クイズの答え　③

2 考える視点A 現在も続く紛争への対応策

紛争への対応として，次の①，②にはどのようなものがあるのだろうか。

①国家による政治的対応
②市民社会による人道的対応

3 考える視点B 紛争を起こさせないためのPKO

(1) PKOのメリット・デメリットについてまとめよう。

メリット
デメリット

(2) PKO以外に紛争を起こさせない取り組みはないか，調べてまとめよう。

4 私の考えをまとめる 平和の土台を築くために

見方・考え方 国際平和を構築するために，日本や私たちにどのようなことができるのだろうか。教科書p.105の考え方も参考にしながらまとめよう。

日本にできること
私たちにできること

▶❶～❹の学習をふまえ，改めてタイトルにあげた問いについて，自分の考えをまとめよう。

Qクイズ 現在実施中のPKOのうち，日本が参加した国はどこでしょう？ ①中央アフリカ ②南スーダン ③コソボ

35 演習問題③

1　日本の政治機構に関する次の文章を読んで，下の問いに答えよ。　▶教科書p.78〜83

国会は国権の（　1　）機関で唯一の立法機関であり，主権者である国民から選ばれた国会議員による政治体制を定めている。行政権の責任者である内閣総理大臣は国会で指名され，時には①衆議院で内閣不信任決議を可決される。日本では，内閣が国会に対して連帯して責任を負う（　2　）制が採用されている。しかし，現実には政権を担当する（　3　）が安定多数を握る国会では，野党の追及にも限界があり，内閣と国会は緊張関係よりも協調関係となる場合が多い。たとえば，法律は行政の基本方針を定めるだけで，具体的な事項は政令や省令に委ねる（　4　）立法が増加する。衆議院と参議院の多数党が異なる「ねじれ国会」の場合は，参議院のチェック機能がはたらく場合もあるが，②衆議院の優越により，国会での多くの審議事項は衆議院の決議により決まる。スウェーデンの議会による行政の監視制度に端を発する（　5　）制度は，日本では国のレベルでは導入されていないため，国民は情報公開法などを根拠に知る権利を主張して，行政や立法のあり方を監視していく姿勢が必要である。

「③地方自治は民主主義の学校」といわれる。大日本帝国憲法下でも地方制度は存在したが，地方自治の規定はなかった。日本国憲法では第92条で「地方公共団体の組織及び運営に関する事項は，地方自治の（　6　）に基いて，法律でこれを定める」と明記し，それに基づいて地方自治法が規定されている。選挙権年齢が18歳まで引き下げられた現在，若者も選挙権や④直接請求権の行使によって地方政治に参画し地域の課題をみずから解決していく姿勢が求められる。地方分権一括法により，地方公共団体の処理する事務は，都市計画の決定や病院の開設許可などの自治事務と，国政選挙やパスポートの発行などを担う（　7　）事務に区分された。しかし，現状は限界集落や消滅集落など，地域社会が崩壊する状況も見られ始めている。⑤三割自治や四割自治といわれる地方自治の現状についても本質的な議論を進めていくことが求められている。

問１　文中の空欄（1）〜（7）に適する語句をア〜ケより選び，記号で答えよ。　知・技

ア．委任　イ．機関委任　ウ．最高　エ．法定受託　オ．本旨　カ．オンブズマン
キ．吏党　ク．与党　ケ．議院内閣

問２　下線部①について，衆議院の解散を選択しない場合はどうなるか，漢字５字で答えよ。　知・技

問３　下線部②について，両院で異なる議決をした場合に開催される会は何か。　知・技

問４　下線部③に関連して，このことばを残したイギリスの政治学者の名前を答えよ。　知・技

問５　下線部④について，議員や首長などを解任する制度を何というか，カタカナで答えよ。　知・技

問６　下線部⑤について，何が原因でそのようにいわれるのか，簡潔に答えよ。　思・判・表

問１	1		2		3		4		5		6		7	
問２								問３						
問４								問５						
問６														

　p.69 クイズの答え　②

2 日本と世界の安全保障に関する次の文章を読んで，下の問いに答えよ。

▶教科書p.92〜105

1989年の(　1　)会談での冷戦終結宣言以来，世界では民族問題や①地域紛争が頻発し，東西冷戦時代のイデオロギー対決よりも，より複雑で個別化した問題と向きあうことになった。国連は，湾岸戦争の際に②安全保障理事会で武力行使容認決議を発し，③国際社会はまとまってイラクに制裁を加えた。2001年に起きたアメリカ(　2　)以降は，国家と国家との戦争という概念が崩れ，狂信的なテロ集団との闘いも見られるようになった。安全保障の考え方も，国家の安全保障から(　3　)の安全保障に配慮する時代となり，一人ひとりの教育や生活の質を高めることが重視されている。それらの理念を下支えにして，④持続可能な開発目標が採択された。2017年には，NGOの尽力で⑤核兵器禁止条約も採択され，従来の国家の枠をこえて軍縮や核廃絶を進めようとする運動が展開されている。日本国内では，⑥沖縄県に米軍基地が集中し，重い基地負担を強いており，その解決が課題となっている。

問1　空欄(1)〜(3)に適する語句を答えよ。　知・技

問2　下線部①によって流出した難民の国際社会での保護や支援に取り組む国際組織は何か。　知・技

問3　下線部②について，常任理事国をすべて答えよ。　知・技

問4　下線部③について，国連のように戦争の違法化と加盟国の連帯を基調とし，法の支配によって国際社会の安全保障をはかる方法は何とよばれるか。　思・判・表

問5　下線部④について，一般的な欧文略称をア〜エから選び，記号で答えよ。　知・技

ア．SDGs　　イ．ESD　　ウ．MDGs　　エ．UNDP

問6　下線部⑤について，1963年に締結された地下以外での核実験を禁止する条約は何か。　知・技

問7　下線部⑥について，沖縄県には日本にある米軍基地の約何割が集中しているか，答えよ。　知・技

問1	1		2		3	
問2						
問3						
問4			問5			
問6			問7			

3 右の年表に関するできごとについて，次の①〜⑥の説明文が正しければ○，誤っていれば×を記入せよ。　思・判・表

▶教科書p.92〜105

1946年	日本国憲法が公布される
1954年	自衛隊が創設される
1967年	非核三原則を表明
1978年	日中平和友好条約調印
1992年	PKO協力法制定
2015年	国際平和支援法など安全保障関連法成立

①日本国憲法の条文には，統治行為論が明記されている。

②サンフランシスコ平和条約の締結と同時に自衛隊が発足した。

③非核三原則とは核兵器を「もたず，つくらず，もちこませず」とするものである。

④日中平和友好条約によって，日本と中華人民共和国との国交が回復，正常化した。

⑤PKO協力法の規定に従って，日本は自衛隊を海外に派遣したことがある。

⑥安全保障関連法に先立って，集団的自衛権の行使も可能であると憲法の解釈が変更された。

①		②		③		④		⑤		⑥	

36 私たちと経済/労働者と権利

現在自分はどのような形でお金を得て，どのようなことに使っているか書き出そう。

1 私たちと経済

(1) **経済**とは何か

・社会……❶＿＿と❷＿＿を通じた**交換**によって成り立つ

❷は売り手と買い手からなる

・経済……❸＿＿（有形）・❹＿＿（無形）の生産

──→流通──→消費　＊❺＿＿を通じて交換

(2) 三つの**経済主体**

①**家計**……❻＿＿活動をおこなう

②**企業**……❼＿＿活動をおこなう

❼の三要素……土地や資源・❽＿＿・資本

③**政府**……❾＿＿活動をおこなう

企業や消費者からの**租税**・借り入れ──→❿＿＿を提供

(3) 経済的意思決定と将来の選択

・資源の⓫＿＿……人間の欲は無限←→資源は⓬＿＿

──→資源をどのように有効活用するかを考えることが重要

・⓭＿＿……ある意思決定をした時，ほかの選択肢を選んでいたら得られたであろう利益のうち，最大のもの

・⓮＿＿

……あることを選択すると別のことを断念しなければならない

選択した時の利益／選択しなかった時の利益──→経済の意思決定に必要

メモ

経済的なことに限らず，意思決定の際には⓭と⓮について考えるようにしたい。

2 労働者と権利

⓯＿＿……使用者と労働者との間の契約

一般的に⓰＿＿の立場が強い──→国家による⓱＿＿の保護

(1) **労働基本権**……日本国憲法で定められている

・第27条：⓲＿＿**の権利**

・第28条：**労働三権**（⓳＿＿**権**・⓴＿＿**権・団体行動権**）

㉑＿＿の労働基本権は職務の公共性を理由に制限

(2) **労働三法**……労働基本権を具体的に保障

・㉒＿＿**法**……労働条件の最低基準を規定

㉓＿＿が職場の監督・指導

・㉔＿＿**法**……㉔の組織や労働争議について規定

・㉕＿＿**法**……労働争議の予防・解決を目的

調整方法には斡旋・㉖＿＿・仲裁など

メモ

㉑の場合は労働基本権が一部または全部制限され，その代わりに人事院が給与などの労働条件について勧告を出している。

チャレンジしよう

1 経済活動について，図を使って考えよう。

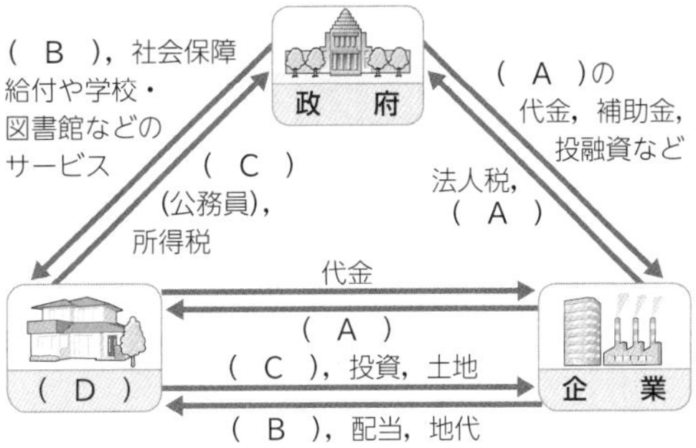

(1) 図のA～Dにあてはまる語句を書きこもう。

A (　　　　　　　　)　B (　　　　　　　　)

C (　　　　　　　　)　D (　　　　　　　　)

(B)，社会保障給付や学校・図書館などのサービス
政府
(A)の代金，補助金，投融資など
(C)(公務員)，所得税
法人税，(A)
代金
(A)
(C)，投資，土地
(B)，配当，地代
(D)
企業

(2) ？教科書p.110図2と右図をくらべて，気づいたことを書き出そう。

(3) ？図のAには，希少性をもつ経済財と希少性をもたない自由財がある。自由財でも経済財になることがあるが，それはどのような時だろうか。　ヒント 教科書p.111・TOPICの「平成の空気缶」の例から考えよう。

2 いまを生きるスキル 労働トラブルにまきこまれないために，必要なことを調べよう。

①～③のようなトラブルが起きた場合に，労働者としてどのような対応をとるとよいのか，教科書を読んだり調べたりして書きこもう。

①「高額給与」という求人広告を見て面接を受けたが，給与や仕事内容について質問しても明確な答えをもらえなかった。

②アルバイトをやめようとしたところ，「ほかの人を用意するか迷惑料を支払え」といわれた。

③仕事内容がわからず，上司に聞いても教えてくれず，ミスをすると上司からどなられる。

Check!

①公共財のうち，住宅・上下水道など私たちの生活に必要なもの。……(　　　　　　　　)

②生産に必要な土地や資源，労働力，資本。……………………………(　　　　　　　　)

③あることを選択すると別のことを断念しなければならない状況。……(　　　　　　　　)

④使用者と労働者が締結する契約。…………………………………………(　　　　　　　　)

⑤労働トラブルを専門的な知識をもつ裁判官と解決する制度。…………(　　　　　　　　)

Qクイズ　収入から必要経費を差し引いた額を何というでしょう？　①所得　②配当　③賃金

労働環境と課題

身近で働く外国人労働者がいる場合，どこで働いているだろうか。

メモ
⑩法は，３歳までの子を養育する労働者への短時間勤務制度（１日６時間）の設置を事業者に義務づけている。

メモ
⑲関連法では，正規雇用と非正規雇用との間の不合理な待遇差の改善をめざす同一労働同一賃金の道筋が示された。

1　雇用事情の変化と課題

(1)　バブル経済崩壊前

・❶＿＿＿＿……定年まで同じ会社で働き続ける

・❷＿＿＿＿賃金体系……勤続年数が増えると賃金が上昇

・❸＿＿＿＿別労働組合⟷欧米では❹＿＿＿＿別労働組合が多い

⟶労働者の企業への帰属意識が強かった

(2)　バブル経済崩壊後⟶社会の変化を背景に雇用状況にもさまざまな変化

①経済の低成長，❺＿＿＿＿化による企業環境の変化

・能力主義的な賃金制度を導入する企業も⟶❶や❷賃金体系が崩れる

・正規労働者のリストラ⟶アルバイトなど❻＿＿＿＿の増加

・❻の雇用の不安定性⟶❼＿＿＿＿法や❽＿＿＿＿法で改善をめざす

②女性の社会進出による女性労働者数の増加

・❾＿＿＿＿法の改正や❿＿＿＿＿法などによる環境整備

・⓫＿＿＿＿社会への意識改革が不可欠

③⓬＿＿＿＿人口の減少による労働力確保の重要性

・女性，⓭＿＿＿＿，障害者，外国人など，さまざまな人が安心して働ける環境整備

・⓭の雇用

……⓮＿＿＿＿法により，希望する人に雇用を保障

・障害者の雇用……⓯＿＿＿＿法で守られているが不十分

・外国人労働者……異なる言語・文化をもつ住民を受け入れる地域づくり

2　ワーク・ライフ・バランスの実現に向けて

(1)　日本の労働環境の問題

サービス残業，長い⓰＿＿＿＿，有給休暇消化率の低さなど

⟶⓱＿＿＿＿タイム制や変形労働時間制，裁量労働制などを導入する企業も

(2)　**ワーク・ライフ・バランス**（⓲＿＿＿＿の調和）の実現

・⓳＿＿＿＿関連法

……⓴＿＿＿＿労働の見なおし，柔軟な働き方の推進，公正な待遇の確保など

・企業の対応や労働者の意識改革

p.73クイズの答え　①

チャレンジしよう

1 Think & Try 女性の労働を考えよう。

(1) 図1から，日本の女性の年齢別労働力率は，1985年と現在とでどのように変化しているのだろうか。

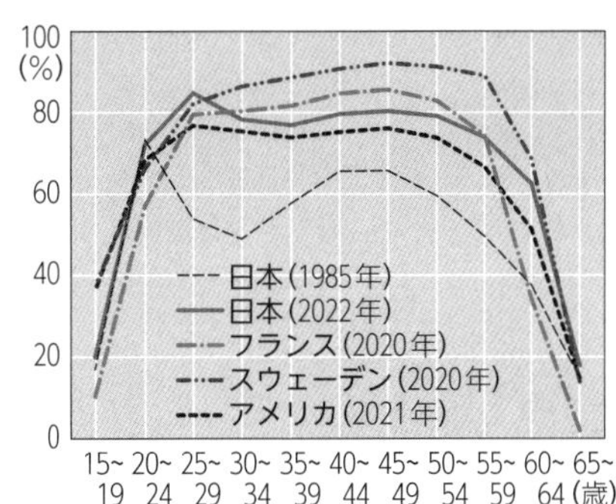

↑図1　女性の年齢別労働力率(総務省資料)

(2) 図1から，現在の女性の年齢別労働力率を各国とくらべると，どのようなことがわかるだろうか。

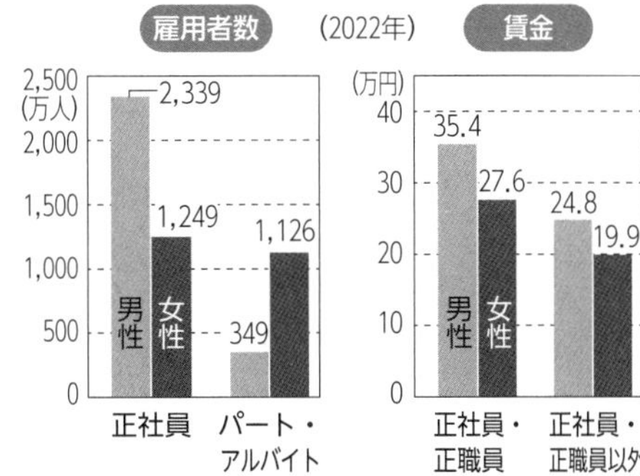

↑図2　雇用形態別雇用者数と賃金(厚生労働省資料)

(3) 図2から，正社員数は女性が男性の約半分であるのに対し，パート・アルバイトでは女性は男性の約3倍となっている。図1をもとに，この背景を考えよう。

(4) 見方・考え方 男女共同参画社会の実現のために，女性の労働環境についてまず何を見なおしていくべきだろうか。

ヒント 教科書p.32の「人間の尊厳と平等，個人の尊重」の考え方を確認しよう。

2 自分のことばで書こう。

現在の労働問題のうち，自分が一番関心をもっている問題を取り上げ，その理由を具体的に書こう。

問題
理由

Check!

①企業が一度雇用すると定年まで解雇しない制度。………………………（　　　　　　　）

②採用や待遇などの面で男女差別を解消するために制定された法律。…（　　　　　　　）

③外国人労働者の増加に対応するため，2019年に設置された行政機関。（　　　　　　　）

④仕事と生活の調和。………………………………………………………（　　　　　　　）

⑤長時間労働の見なおしなどを目的として2018年に制定された法律群。（　　　　　　　）

Qクイズ　日本の労働組合で一般的な形態はどれでしょう？　①産業別労働組合　②企業別労働組合　③職業別労働組合

38

私たちから未来へ

安心して働くためにはどのような環境が必要だろうか

▶タイトルにあげた問いについて，自分の考えを書いておこう。

1 課題の把握　日本の労働環境の現状

(1) 教科書p.116図1～3を見て，次のア～オの下線部が正しければ○，誤っていれば×を書こう。×の場合は正しい内容を書こう。

ア．1980年代から一貫して，日本の雇用者に占める非正規の割合は増加している。（　　　）

イ．1980年代から一貫して，正規労働者数は増加している。（　　　）

ウ．イギリスの長時間労働の割合は，日本のその割合を上回っている。（　　　）

エ．OECD加盟国のなかでは，就業者1人あたりの労働生産性はアメリカが一位である。（　　　）

オ．就業者1人あたりの労働生産性について，日本はOECD平均を上回っている。（　　　）

(2) 労働生産性とは，就業1時間あたりに，どれだけの付加価値を生み出したかを示す。(1)から，なぜ日本の労働生産性は低いのかを考えよう。

ヒント　教科書p.115図7「雇用者1人あたりの年間労働時間」も参考にしよう。

2 考える視点A　企業が考える雇用

(1) 教科書p.116図4，5を見て，次のア，イの下線部が正しければ○，誤っていれば×を書こう。×の場合は正しい内容を書こう。

ア．企業が非正規労働者を活用する理由の上位3つは，「正社員を確保できないため」「1日，週の中の仕事の繁閑に対応するため」「高年齢者の再雇用対策のため」である。（　　　）

イ．正規雇用と非正規雇用では，どの年代においても正規雇用の賃金が非正規雇用の賃金を上回っている。（　　　）

p.75クイズの答え　②

(2) 企業にとって非正規労働者を雇うメリットとデメリットをまとめよう。

メリット	デメリット

3 考える視点B 労働者が考える雇用

(1) 教科書p.117図7で非正規労働者として働く理由で最も多いものを，年代別に比較してみよう。

	15～24歳	45～54歳	65歳～
男性			
女性			

(2) 労働者にとって非正規労働者として働くメリットとデメリットをまとめよう。

ヒント 教科書p.115「Think&Try」も参考にしよう。

メリット	デメリット

4 私の考えをまとめる ワーク・ライフ・バランスを実現するためには？

労働者と企業が望む働き方を調整し，ワーク・ライフ・バランスを実現するために有効な政策には，どのようなものがあるだろうか。

▶1～4の学習をふまえ，改めてタイトルにあげた問いについて，自分の考えをまとめよう。

Qクイズ 日本の女性の年齢別労働力率のグラフは，その形から何とよばれているでしょう？ ①S字カーブ ②M字カーブ ③I字カーブ

日本経済のこれまでとこれから/技術革新の進展

日本が高度経済成長を実現した要因をあげよう。

メモ

第二次世界大戦後の日本はGHQ（連合国軍総司令部）の占領下で戦後復興のあゆみを進め，1950年の❶戦争時の特需により，高度成長へのきっかけをつかんだ。

メモ

1973年の変動相場制への移行は，1971年のニクソン・ショック（金ドル交換停止）という国際経済体制の動揺がきっかけである。

1　日本経済のこれまでとこれから

（1）第二次世界大戦後の経済成長

❶＿＿＿＿戦争による特需──→戦後復興から**高度経済成長**への足がかり

1960年　池田内閣が❷＿＿＿＿**計画**を発表

1968年　GNP規模で❸＿＿＿＿に次いで世界第二位

1973年　**第１次**❹＿＿＿＿──→原油価格４倍に

──→❺＿＿＿＿**物価**──→翌年戦後初の❻＿＿＿＿**成長**

＊インフレと景気後退が同時に発生……❼＿＿＿＿

（2）バブル経済とその崩壊

1985年　❽＿＿＿＿**合意**……G5による円高誘導合意

1986年　**円高不況**──→金融緩和による克服＋❾＿＿＿＿**経済**発生

──→地価・株価高騰──→金融引き締め──→❾経済崩壊（1991年）

──→金融機関の巨額の❿＿＿＿＿問題表面化──→**平成不況**

（3）平成不況と日本経済の現状

2000年代　小泉内閣が⓫＿＿＿＿を実行

──→長期の（実感のない）好況──→⓬＿＿＿＿が拡大

2008年　⓭＿＿＿＿・ショック──→日本経済の低迷

持続可能な社会の実現のための改革が求められる

2　技術革新の進展

（1）技術革新の進展と経済発展

技術革新（⓮＿＿＿＿）

……アメリカの経済学者⓯＿＿＿＿が提唱

1990年代末　⓰＿＿＿＿**（情報技術）革命**──→社会の大きな変化

・⓱＿＿＿＿**（情報通信技術）**の発達──→グローバル化の進展

・膨大な情報（⓲＿＿＿＿）の集積により，⓳＿＿＿＿（モノのインターネット）や，⓴＿＿＿＿**（人工知能）**の活用が進む

（2）**産業構造の**㉑＿＿＿＿**化**

・経済発展──→**第１次産業**から**第２次産業**・**第３次産業**の比重が高まる

・高度成長期：重化学工業の急速な発展……産業の㉒＿＿＿＿化

・石油危機後：ハイテク産業の発展……産業の㉓＿＿＿＿化

（3）第３次産業の発展

・産業構造が第３次産業中心に……**経済の**㉔＿＿＿＿**化**

・研究開発や情報などの役割が重要に……**経済の**㉕＿＿＿＿**化**

p.77 クイズの答え　②

チャレンジしよう

1 第二次世界大戦後の日本経済のあゆみについて，写真とグラフから考えよう。

(1) ？教科書p.118～119の①～⑦の写真は，どの時期に関連するものかを下の選択肢から選び，記号を書きこもう。また，それはどんな時代だったかを簡単にまとめよう。

〔選択肢〕 ア．消費税率の引き上げと軽減税率の適用　イ．いざなぎ景気
ウ．失われた10年と消費税率の初引き上げ　エ．占領政策と経済民主化政策
オ．石油危機　カ．バブル経済　キ．神武景気

写真の内容	記号	どんな時代だったか
①戦後の闇市		
②電化製品の並ぶ店頭		
③集団就職		
④買いだめパニック		
⑤スキーブーム		
⑥プリントシールを楽しむ高校生		
⑦スマートフォンを見る人々		

(2) ？教科書p.118図1を見ると1人あたりGDPは上昇傾向であるが，右図を見ると所得格差も拡大傾向にある。それはなぜだろうか，自分の考えを書こう。

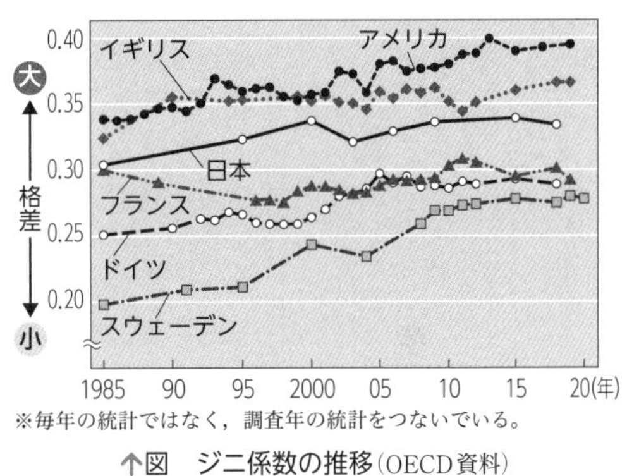

※毎年の統計ではなく，調査年の統計をつないでいる。

↑図 ジニ係数の推移(OECD資料)

2 Think & Try AIが得意なこと・不得意なことを考えよう。

次の①～⑨の活動について，AIの得意・不得意で分類し，番号を書こう。

①味を感じること　②関係を覚えること　③恐怖を感じること
④展開を予測すること　⑤問いを生み出すこと　⑥本質に気づくこと
⑦専門知識をもつこと　⑧常識をもつこと　⑨意思をもつこと

得意
不得意(できない)

Check!

①10年間でGNPを2倍にすることを目標とした池田内閣の経済計画。…(　　　)

②融資先の倒産や経営の悪化により，回収が困難になった債権。………(　　　)

③所得格差をはかる指標の一つで，1に近づくほど格差が大きいもの。…(　　　)

④経済発展にともなって産業構造が高度化する法則の名称。……………(　　　)

⑤現在の日本のGDPにおける第3次産業の割合。…………………………(　　　)

Qクイズ イノベーションの重要性を主張した経済学者は誰でしょう？　①ケインズ　②アダム=スミス　③シュンペーター

40 私たちから未来へ
ICTの発展は職業にどのような影響を与えるのだろうか

▶タイトルにあげた問いについて，自分の考えを書いておこう。

1 課題の把握　労働力不足とICTの発展

(1) 教科書p.122図1を見て，次のア，イの下線部が正しければ○，誤っていれば×を書こう。×の場合は正しい内容を書こう。

ア．現在の労働力率は，雇用政策をおこなわなかった場合に，減少することが予想されている。　(　　　　)

イ．労働力人口の増減に，高齢者や女性の労働市場の参加は無関係であると予想されている。　(　　　　)

(2) ICTの発展によって，私たちの日常生活が便利になったことを自由にあげてみよう。

2 考える視点A　ICTが雇用に与える影響

(1) ICTの発展が私たちの雇用にどのような影響を与えるのか，p.122図3をもとにまとめよう。

(2) 新型コロナウイルス感染症が流行した時，働き方はどのように変化したのだろうか。また，この変化にICTがどのように影響したのか，まとめよう。

①働き方の変化

感染症流行前	感染症流行後

メモ

2020～21年，新型コロナウイルス感染症の拡大により緊急事態宣言が出された時には，外出自粛や店舗・施設の営業制限などが広くおこなわれた。

p.79クイズの答え　③

② ①の変化にICTがどのように影響したのか

3 考える視点B AIが雇用に与える影響

(1) 教科書p.123図6をもとに，どのような仕事がAIによって代替されやすいのか，考えよう。

(2) (1)をもとに，人間が得意なこと，AIが得意なことをまとめよう。

ヒント 教科書p.121「Think&Try」も参考にしよう。

人間が得意なこと	AIが得意なこと

4 私の考えをまとめる 変化する社会のなかで，求められる能力とは？

自分が高めるべき能力を一つ上げ，なぜその能力が必要なのか，また，それを身につけるためにどのようなことに取り組んでいくべきか，まとめよう。

自分が高めるべき能力
その能力が求められる理由
その能力を身につけるために取り組むべきこと

▶①～④の学習をふまえ，改めてタイトルにあげた問いについて，自分の考えをまとめよう。

Qクイズ 新型コロナウイルス感染症による変化にあてはまるものはどれでしょう？ ①テレワーク導入企業の増加 ②飛行機利用者の増加 ③残業時間の増加

41 現代の企業／中小企業の現状と役割

「こんな事業をやってみたい」というものがあれば，あげてみよう。

メモ
1602年設立のオランダの東インド会社が，初めての株式会社とされる。

メモ
法的概念としての「社員」は，株式会社の場合，株式の保有者つまり❺を指す。なお，正社員や非正規社員などと呼称する場合，一般的には自社の従業員を指し，通読的概念である。したがって出資者であるとは限らない。

1 現代の企業

(1) 企業の活動と株式会社のしくみ

①**企業**……❶＿＿＿＿活動の主体。❷＿＿＿＿の獲得と最大化が目的

企業の種類……**公企業・私企業・**❸＿＿＿＿**企業**

②**株式会社**のしくみ

・**株式**を発行することで出資者を募り❹＿＿＿＿を調達

・❺＿＿＿＿（株式の保有者）は株式会社の所有者

──→会社の❷は❻＿＿＿＿という形で❺に分配される

・最高意思決定機関である**株主総会**で❼＿＿＿＿（経営者）を選任

──→❽＿＿＿＿**の分離**が進展

・経営者は利害関係者（ステークホルダー）の利益を損ねない責任

❾＿＿＿＿（財務情報の開示）など

──→**コーポレート・**❿＿＿＿＿（企業統治）の強化

(2) 現代の企業　従来：株式持ちあいと企業集団の形成

・**企業の合併や買収**（⓫＿＿＿＿）

──→⓬＿＿＿＿（複合企業）の出現

・経済のグローバル化──→⓭＿＿＿＿として海外進出

──→⓮＿＿＿＿という問題

(3) **企業の社会的責任**（CSR）

・⓯＿＿＿＿（法令遵守）の徹底

・芸術・文化への支援活動（⓰＿＿＿＿）

・社会貢献活動（⓱＿＿＿＿）

2 中小企業の現状と役割

(1) **中小企業**の現状（企業数の⓲＿＿＿＿％以上，従業者数の約⓳＿＿＿＿％）

・大企業との格差：**経済の**⓴＿＿＿＿**構造**

・**景気の**㉑＿＿＿＿としての位置づけ

大企業：企業集団を形成，㉒＿＿＿＿取り引き中心に成長

中小企業：大企業の㉓＿＿＿＿という㉒下の位置づけ

(2) 中小企業の役割と課題

・地場産業を支える中小企業

・㉔＿＿＿＿**企業**……独自の発想や技術──→海外進出も

・中小企業をとりまく問題……資本調達や事業承継の問題

──→㉔企業への積極的投資促進……㉕＿＿＿＿市場の設置

p.81クイズの答え　①

チャレンジしよう

1 会社企業の種類について，表をつくって考えよう。

	出資者	特徴
株式会社	① ＿＿＿＿の株主（1名以上）	株主総会，② ＿＿＿＿は必ず置かれる
特例有限会社	③ ＿＿＿＿社員（1名以上）	中小企業に多い（新設不可）
④ ＿＿＿＿会社	無限責任社員と有限責任社員（各1名以上）	小規模な会社に多い
合名会社	⑤ ＿＿＿＿社員（1名以上）	家族・親族などで経営される小規模会社に多い
⑥ ＿＿＿＿会社	⑦ ＿＿＿＿社員（1名以上）	起業や産学連携を推進

(1) 表の①～⑦にあてはまる語句を書きこもう。

(2) 有限責任と無限責任の説明について，あてはまる語句を書きこもう。

有限責任とは，会社の(a)＿＿＿＿について，(b)＿＿＿＿の範囲以上の(c)＿＿＿＿を負わないことを意味し，無限責任とは(a)のすべてについて(c)を負うことを意味する。

(3) 表で取り上げた会社企業は，次のどれにあてはまるか，記号を書こう。（　　　）

ア．私企業（民間資本で営まれる）　イ．公企業（国または地方公共団体が経営）

ウ．公私合同企業（政府と民間の共同出資）

2 企業の活動について調べよう。

(1) 日本から海外に進出した企業の例をあげ，その企業の特徴と海外進出した理由を調べよう。

(2) 海外から日本に進出した企業の例をあげ，もともとはどこの国の企業か調べよう。

(3) 企業の社会貢献活動にはどのようなものがあるのかを調べ，特定の企業を一つ取り上げて，その企業がなぜそのような活動をおこなうのかを具体的に書こう。

Check!

①法律上で人と同様に人格が認められ，権利能力が与えられたもの。…（　　　）

②企業の利益に対して株主が受け取るもの。……………………………（　　　）

③企業の社会的責任の一つとして，法令を遵守すること。………………（　　　）

④中小企業と大企業との間の賃金や生産性をめぐる格差。………………（　　　）

⑤新しい市場の開拓に挑戦する先駆的企業。……………………………（　　　）

Qクイズ　企業の「CEO」とは何をあらわすでしょう？　①課長　②最高経営責任者　③監査役

42 日本の農林水産業

自分が住んでいる市区町村の第１次産業従事者の比率を調べよう。

メモ

第二次世界大戦後に実施された農地改革では，政府が地主の土地を強制的に買い上げ，低価格で小作人に売り渡した。この結果生じた自作農は，経営規模が小さいため，所得が伸びなかった。

1 日本の農林水産業の現状と課題

(1) 日本の農林水産業（第❶＿＿＿次産業）の現状

GDP に占める割合：❷＿＿＿％　就業人口に占める割合：❸＿＿＿％

(2) 日本の農林水産業の課題

①就業者の減少

❹＿＿＿**率**の低下⟶世界有数の輸入国に

農業：❺＿＿＿地の増加　林業：森林管理の不徹底

就業者の高齢化や後継者不足も深刻化

②就業形態の変化（農業）

専業農家や主業農家の減少⟵若者の都会流出，国民の米離れ

米作農家への対応
- ❻＿＿＿**制度**による手厚い保護
- ❼＿＿＿政策……米の生産量を政府が調整

③国際競争力の弱さ（農業）

せまい耕作面積⟶労働生産性が低い⟶海外の安い食料品に負ける

対応：❽＿＿＿**基本法**……市場原理の活用など

2 日本の農林水産業のこれから

(1) 日本の❾＿＿＿**保障**の担保と国際競争力強化のために

・大規模化の促進や❿＿＿＿の活用による生産の効率化

意欲のある経営者や法人を支援，⓫＿＿＿の参入を認める

・⓬＿＿＿化の推進⟶付加価値向上

・流通経路の改善……⓭＿＿＿利用によるグローバル展開

(2) 第１次産業の⓮＿＿＿**化**やICT化

⓮化……生産（第⓯＿＿＿次産業）⟶加工・製造（第⓰＿＿＿次産業）

⟶流通・販売（第⓱＿＿＿次産業）　第⓯次産業の就業者が実施

安全・安心の実現と高収益化をはかる

ICT化……労働生産性の向上と人手不足の解消

3 自分の職業を考えよう

(1) 高校生の間にできること

・これまでの自分をふり返り，自分の興味や適性，価値観などをつかむ

・職場体験活動などのいわゆる⓲＿＿＿に挑戦

……学生が一定期間，企業で実際に仕事を体験

(2) 「起業」という選択肢：さまざまな資金調達方法

クラウド⓳＿＿＿が注目されている

p.83 クイズの答え　②

チャレンジしよう

1 農林水産業の新しい動きについて，調べよう。

日本の農林水産業の６次産業化やICT化の例を調べ，書き出そう。

2 Think & Try ビジネスプランを考えよう。

(1) **起業する意思を固める** ふだんの生活で困っていること，「今はないけどこんなものやサービスがあれば便利」と思うことなどから，やりたいことを一つあげよう。

(2) **事業についての課題を洗い出す** (1)であげた事業を実施するうえで，自分やその事業にはどのような強みや課題があるか，SWOT分析を使って評価・分析してみよう。

強み		弱み	
機会		脅威	

(3) **ターゲットを明確化する** ターゲットを決め，ターゲットに「これなら買いたい」と思わせる要素を考えよう。

(4) **具体的な戦略を立てる** (2)(3)の活動をふまえて，具体的なビジネスプランを立てよう。

製品		価格	
流通		広告	

Check!

①生産・流通の規制緩和のため，食糧管理制度に代わり実施された法律。(　　　　　)

②食品の生産から販売までの履歴を管理し，追跡できるしくみ。…………(　　　　　)

③第１次産業の就業者が，生産だけでなく加工品の製造や流通・販売もおこなうこと。

…………………………(　　　　　)

④学生が一定期間，企業で実際に仕事を体験すること。……………………(　　　　　)

Qクイズ 農外所得が主で，年間60日以上農業に従事する65歳未満の者がいる農家はどれでしょう？ ①主業農家 ②準主業農家 ③副業的農家

43 市場経済と経済運営

労働市場において，私たちは労働力の供給者だろうか，需要者だろうか。理由とともに書こう。

メモ
資本主義経済の基本理念に「自由」があるのに対し，社会主義経済には「平等」があることを理解しよう。

メモ
⑯政府が理想とする国家観を「夜警国家」という。㉑政府では，国家の役割が増大し，「福祉国家」が理想とされる。

1 市場経済と政府の役割

(1) **市場経済と計画経済**

❶______な資源の下で❷______の人間の欲望を満たすために
⟶「何を」「どれだけ」「どのように」配分するかが重要
①❸______……自由な市場での財・サービスの交換が原則
②❹______……国家の市場全体の管理が原則

(2) **資本主義経済**

・生産手段の❺______と❸における❻______が特徴
⟶独占・寡占などの弊害⟶❼______が経済活動に介入
・現代は，私的経済部門と公的経済部門が混在する❽______**経済**

(3) **社会主義経済**

・**生産手段の**❾______**化**と中央政府による集権的な❹が特徴
・ドイツの経済学者❿______が主張
⟶労働意欲向上の困難さなど⟶多くの社会主義国家が❸を導入
例：中国の⓫______

2 資本主義国家における経済運営の考え方

(1) ⓬______**主義**(レッセ・フェール)

・⓭______を重視し，政府ができるだけ干渉しないことを理想
・イギリスの経済学者⓮______が主張
自由な経済活動⟶「⓯______」に導かれ，社会が調和
・政府の役割が必要最小限度に限られる⓰______**政府**をめざす

(2) ⓱______**主義**

・資本主義の弊害：⓲______(1929年)
⟶失業問題の解決のため，政府の役割重視
・イギリスの経済学者⓳______が主張
政府が積極的に介入し，⓴______をつくり出すべき
・政府が積極的に経済活動に介入する㉑______**政府**をめざす

(3) ㉒______**主義**

・㉑政府の弊害⟶慢性的な㉓______・行政機構の肥大化
⟶⓰政府への回帰
・アメリカの経済学者㉔______らが提唱
・今日では，所得格差拡大などの批判も高まっている

政府による経済運営を評価し，よりよい政策を考えることが重要

p.85クイズの答え　②

チャレンジしよう

1 市場について，具体的な事例から考えよう。

次のア～ウは，市場において売り手や買い手が売買のめやすにするものである。どの市場のめやすとなるのか，教科書p.132図1も参考にして線で結ぼう。

ア．金利（利子率）•	• 財・サービス市場
イ．賃金（給与）•	• 労働市場
ウ．価格（値段）•	• 金融市場

2 資本主義について，表を使って考えよう。

(1) ケーキを食べたい人とつくる人がいるとする。ケースAとケースBは，どのように異なるだろうか。比較して表に書きこもう。

	ケースA（ケーキ1個，食べたい人5人）	ケースB（ケーキ5個，食べたい人1人）
ケーキの値段はどうなる？	多くの人がケーキをほしがって取りあうので，①＿＿くなる。	ケーキはあまってしまい，売れ残るので，②＿＿くなる
食べたい人はどうする？	食べられる人は限られ，多くの人が食べることを③＿＿	多くのケーキから一番おいしそうなケーキを④＿＿び，食べる
つくる人はどう対応する？	もっと多くの利益を得ようとして，生産量を⑤＿＿す	つくっても売れずに損をするので，生産量を⑥＿＿す
食べたい人はどう対応する？	ケーキが買える安い価格になるまで待つ	安いので，少しくらい⑦＿＿めに買っても安心
食べたい人とつくる人，どちらに有利？	⑧＿＿人	⑨＿＿人

(2) 上の表からどんなことがいえるだろうか。①～⑥の空欄に書きこもう。

商品が①＿＿ければ売れないが，②＿＿ければ売れる。一方，ほしい人が多ければ商品価格は③＿＿くなるが，少なければ④＿＿くなる。値段が安いか高いかで，売れたり売れなかったりするので，生産量を⑤＿＿したり⑥＿＿したりする。

ヒント ケーキをつくる人の立場で考えてみよう。

3 自分のことばで書こう。

現在の日本の政府がおこなっている経済政策について，自分が一番関心をもっている問題を取り上げ，その理由を具体的に書こう。

Check!

①一党独裁政治を維持しながら，市場経済を導入する中国の体制。………（　　　）
②資本主義を批判し，『資本論』を著したドイツの経済学者。………………（　　　）
③世界恐慌に対して，F.ローズベルト米大統領がおこなった経済政策。…（　　　）
④貨幣支出をともなう購買力に裏づけられた需要。……………………………（　　　）
⑤新自由主義を提唱したアメリカの経済学者。…………………………………（　　　）

Qクイズ 1980年代，日本で民営化されたものとして誤っているのはどれでしょう？ ①郵便局 ②日本国有鉄道 ③日本電信電話公社

44 市場のしくみ

買い物に行ったり，家族に聞いたりして，今安売りしている野菜や果物を調べよう。

メモ
一般に，価格が上がれば❸が減少し，❹が増加する。価格が下がると，その逆のことが起きる。

メモ
⓳を民間企業が供給しない理由は，非排除性（対価を払わない人を排除するのが難しい）・非競合性（同じ財を複数の消費者が同時に消費できる）という財の特性があるためである。

1 市場の役割

❶＿＿＿＿……財・サービスが取り引きされる場

❷＿＿＿＿……❶で取り引きされる際の価格。買い手の❸＿＿＿＿（買いたい量）と売り手の❹＿＿＿＿（売りたい量）の関係で決定

供給＞需要──→❺＿＿＿＿の発生──→価格は❻＿＿＿＿
供給＜需要──→❼＿＿＿＿の発生──→価格は❽＿＿＿＿

↓ 価格の変動に導かれて需要と供給が一致する
（この時の価格を❾＿＿＿＿という）

価格の自動調節機能（❿＿＿＿＿）

2 独占・寡占

市場での競争──→売り手が一社となる⓫＿＿＿＿，
少数となる⓬＿＿＿＿になることがある

（1）⓬市場の特徴
・企業が⓭＿＿＿＿（価格や生産量の協定）を結ぶことがある
・⓮＿＿＿＿（価格先導者）の行動に他企業が従う
──→**管理価格**が設定
──→価格が下がりにくくなる（**価格の**⓯＿＿＿＿）
・広告・宣伝など価格以外での⓰＿＿＿＿が起きる

（2）競争原理の確保のために
⓱＿＿＿＿**法**の制定……⓭の規制など，公正・自由な競争を促す
──→⓲＿＿＿＿**委員会**がその運用を担う

3 市場の失敗と政府の役割

市場の失敗……市場機構がはたらかず，資源の最適な配分がおこなわれない

（1）市場の失敗の例
・独占や寡占……市場が不完全競争状態
・⓳＿＿＿＿の供給……市場が成立しない（売り手がいない）
・⓴＿＿＿＿・㉑＿＿＿＿（㉑の例：公害）
……市場をとおさずに，ほかの経済主体に利益や不利益をもたらす
・情報の㉒＿＿＿＿性……売り手と買い手の保有する情報量に差があると，買い手は適切な選択ができない

（2）競争原理確保のための政府の役割
・企業に法的な規制をおこなったり，㉓＿＿＿＿を課す
・情報量の差をなくすために，商品に㉔＿＿＿＿を課す

p.87 クイズの答え　①

チャレンジしよう

1 価格の自動調節機能について，図を使って考えよう。

(1) 需要曲線と供給曲線について，右の図と次の文の①～⑦の空欄に，あてはまる語句を書きこもう。

価格がP_1の時，③＿＿＿＿＿＿が発生しているので，価格は④＿＿＿＿＿。価格がP_2の時には⑤＿＿＿＿＿＿が発生しているため，価格は⑥＿＿＿＿＿＿＿＿。最終的に，価格は⑦＿＿＿＿点で決まる。この時，①と②の量が一致している。

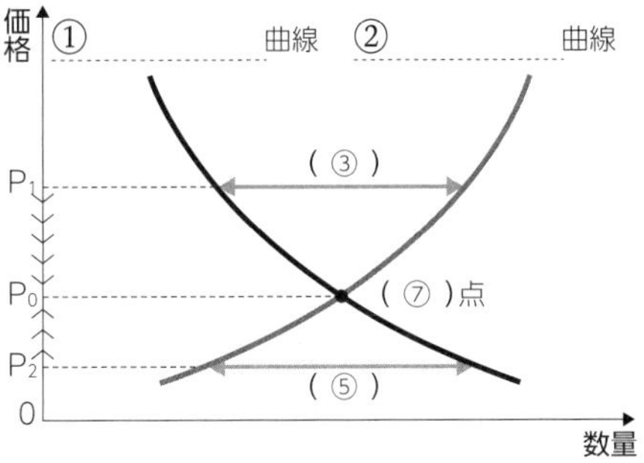

(2) 次の①～④について，下線部の商品の需要曲線と供給曲線はどのように移動するか，S_1・S_2・D_1・D_2のいずれかで答えよう。

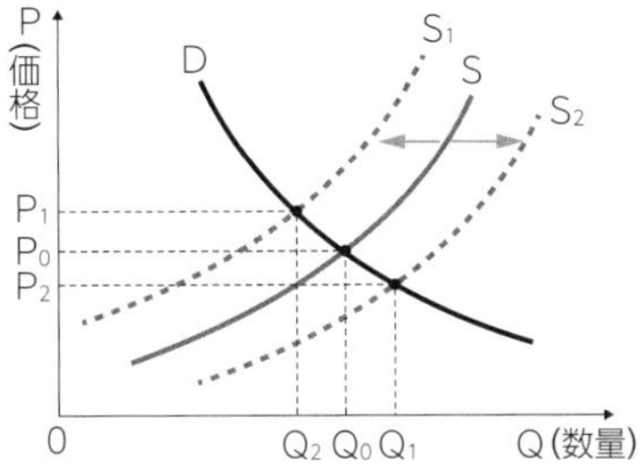

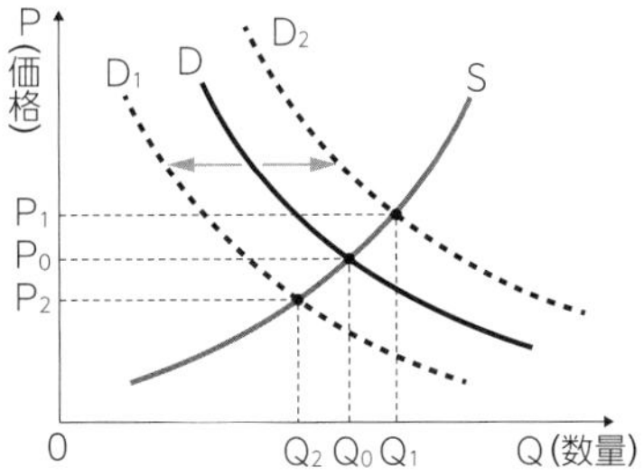

①梅雨明けの遅れの影響で，アイスクリームの売り上げは例年の半分である。（　　　　）

②技術革新の進展は，タブレット型端末の保有率を大きく伸ばす要因となる。（　　　　）

③軽減税率の適用がない消費税率の引き上げは，高級腕時計の販売に大きく影響した。（　　　　）

④感染症拡大の影響で，アルコール消毒液の販売量は昨年比10倍以上である。（　　　　）

(3) ？右図を参考にすると，みかんがスーパーマーケットの店頭で安売りされる光景は，いつ頃見られることが多いか，あてはまる方に○をつけよう。

（　4～8月　／　9～12月　）

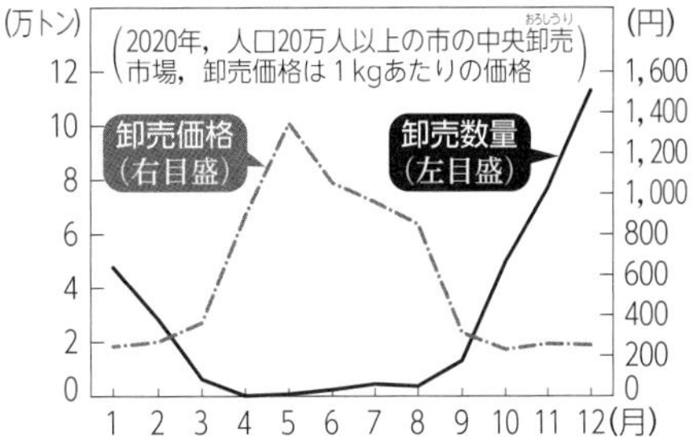

→図　みかんの卸売数量と卸売価格の変化（農林水産省資料）

2 自分のことばで書こう。

外部不経済の具体例を考えよう（実際に社会で起きていることでも，自分で考えたものでもよい）。また，それを防止するために，どのような対策がとれるか考えよう。

具体例
対策

Check!

①需要と供給の関係で，両者が一致した時の価格。…………………………（　　　　）

②価格の自動調節機能について，アダム＝スミスが表現したことば。……（　　　　）

③広告・宣伝など価格以外の競争。…………………………………………（　　　　）

④市場参加者が多数で，参入や撤退が自由な市場。………………………（　　　　）

Qクイズ　次の例のうち，寡占市場でないのはどれでしょう？　①魚　②製鉄　③携帯電話

45 経済発展と環境保全

私たちが日常生活で出すプラスチックごみには，どのようなものがあるのだろうか。

メモ

❸事件では，衆議院議員の田中正造がこの問題を天皇に直訴したことで，公害問題が世間の注目を集めることとなった。

1 経済発展と公害問題

公害（❶＿＿＿＿の代表例）

・企業の生産活動や人々の日常生活で生じる廃棄物や排出物が原因となり，ほかの経済主体に悪影響をおよぼす

・❷＿＿＿＿……産業活動から発生する公害

・明治時代：❸＿＿＿＿事件……日本の公害問題の原点

・高度経済成長期：❹＿＿＿＿**訴訟**

公害病	❺＿＿＿＿	四日市ぜんそく	❻＿＿＿＿	新潟水俣病
原因	工場排水のなかの有機水銀	工場からの亜硫酸ガス	鉱山から流出したカドミウム	工場排水のなかの有機水銀
地域	熊本県	❼＿＿＿＿県	❽＿＿＿＿県	新潟県

・現在：❾＿＿＿＿汚染やアスベストによる健康被害など

2 公害防止と環境保全

(1) 企業の責任

❿＿＿＿＿制……企業に故意・過失がなくても賠償責任あり

⟶⓫＿＿＿＿**の原則(PPP)**に合致

(2) 政府による対策

①大気汚染や水質汚濁に対して

・⓬＿＿＿＿**規制**……汚染物質の総排出量に制限を設ける

・⓭＿＿＿＿**規制**……総排出量に対する汚染物質の割合で規制

②都市・生活型公害や地球環境問題に対して

・公害対策基本法⟶⓮＿＿＿＿**法**

……自然と人間の共生社会実現のための⓯＿＿＿＿策定

⟶大量生産・大量消費・大量廃棄型の生活様式の見直し

・⓰＿＿＿＿対策税の導入

……石油・天然ガスなどの⓱＿＿＿＿に課税

⟶⓲＿＿＿＿税導入に向けた議論も

③地域開発に対して

・⓳＿＿＿＿**法(環境アセスメント法)**

……開発が自然環境にどのような影響をおよぼすかを予測・評価

地方公共団体でも条例がつくられている

・⓴＿＿＿＿(旧環境庁)を中心に，環境保全のための取り組み推進

メモ

環境アセスメントは，国の法制化に先立ち地方公共団体の条例化が先行していた。日本初の条例化は，神奈川県川崎市(1976年)である。

p.89クイズの答え　①

チャレンジしよう

1 生活排水について，グラフをつくって考えよう。

(1) 下のデータはみそ汁・牛乳・ジュース・コーヒー各１本（または各１杯）について，魚が住める水質にするために必要な水の量である。これをもとにグラフをつくろう。

（ボトル１本＝200ℓとして）

みそ汁	1,410ℓ
牛乳	2,820ℓ
ジュース	3,900ℓ
コーヒー	4,200ℓ

（国立環境研究所資料）

0　1,000　2,000　3,000　4,000　5,000（ℓ）

みそ汁

牛乳

ジュース

コーヒー

(2) 上のグラフで必要とした水を購入しようとする場合，500mℓのペットボトルで何本になるだろうか。また，ペットボトル１本を120円とすると，いくらかかるだろうか。

みそ汁（　　　本・　　　　円）　牛乳（　　　本・　　　　円）

ジュース（　　　本・　　　　円）　コーヒー（　　　本・　　　　円）

2 公害の種類とその対策について，グラフを使って考えよう。

(1) 図のA～Dにあてはまる典型７公害の名称を書きこもう。

A（　　　　　　）　B（　　　　　　）

C（　　　　　　）　D（　　　　　　）

(2) 1で考えた生活排水をおもな原因とする公害を図のA～Dから選んで記号で書こう。（　　　）

(3) 図の「その他」には家庭ごみや産業廃棄物などの廃棄物投棄に関する苦情があり，近年増えている。廃棄物投棄に関する苦情が増えている原因や，その解決方法を考えよう。

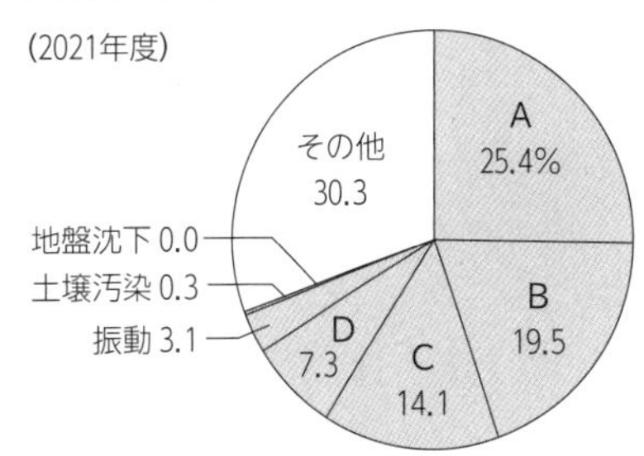

↑図　公害苦情受理の内訳
（公害等調整委員会資料）

ヒント　SDGs（持続可能な開発目標）の目標14「海の豊かさを守ろう」や目標15「陸の豊かさも守ろう」とも関連づけて考えよう。

Check!

①明治時代に起きた，日本の公害問題の原点といわれる事件。…………（　　　　）

②四大公害のうち，大気汚染が原因である公害病。………………………（　　　　）

③大気汚染などに対し，汚染物質の総排出量に制限を設ける規制。……（　　　　）

④公害対策基本法の精神を発展・継承して制定された法律。……………（　　　　）

⑤地域開発時に，自然環境に与える影響を事前に評価すること。………（　　　　）

Qクイズ　プラスチックごみ削減を目的として，2020年に有料化されたものは何でしょう？　①トレイ　②ストロー　③レジ袋

46 国民所得と私たちの生活／経済成長と国民の福祉

一国全体の GDP と１人あたりの GDP，どちらが国民の生活水準の実態を示していると思うか，考えを書こう。

1 国民所得と私たちの生活

(1) 国の経済規模をはかる方法

・❶＿＿＿＿……ある時点で一国に存在する実物資産と対外純資産の合計
　長い期間に蓄積された❷＿＿＿＿の例

・**国内総生産**(❸＿＿＿＿)……一定期間の一国内の純生産額の合計
　一定期間に生み出された❹＿＿＿＿の例

・そのほかの❹指標
　国民総所得(❺＿＿＿＿)＝❸＋海外からの純所得
　国民純生産(NNP)＝❺−固定資本減耗(機械などの償却費)
　国民所得(❻＿＿＿＿)＝NNP−(間接税−補助金)

・❼＿＿＿＿**の原則**……❹指標は，生産・分配・支出の三側面から捉えることができ，その金額は等しい

(2) 国民所得の決まり方

❽＿＿＿＿**の原理**……生産水準の大きさは❽の大きさで決まる
　❾＿＿＿＿が主張
政府の❿＿＿＿政策や，中央銀行の⓫＿＿＿＿政策により，❽を管理

2 経済成長と国民の福祉

(1) **景気変動**……経済の活発化や低迷の動き

・四局面がある(これをくり返すため，⓬＿＿＿＿ともよばれる)
　⓭＿＿＿＿期──→後退期──→⓮＿＿＿＿期──→回復期──→⓭期…

・特に激しい景気後退を⓯＿＿＿＿という

(2) **物価**の変動

①⓰＿＿＿＿(**インフレ**)……物価が持続的に上昇
　需要面に起因する⓱＿＿＿＿・インフレ
　供給面に起因する⓲＿＿＿＿・インフレ　}がある

②⓳＿＿＿＿(**デフレ**)……物価が持続的に下落

・⓴＿＿＿＿(デフレの悪循環)に陥ることも

(3) 経済成長と国民の福祉

・㉑＿＿＿＿……GDP の対前年増加率で算出される
　物価変動率を考慮しない㉒＿＿＿＿
　物価変動率を除去した㉓＿＿＿＿　}がある

・GDP は豊かさの一側面しかはかれない
　──→新指標の考案……ブータンの国民総幸福量(㉔＿＿＿＿)など

メモ
物価は基準時を100とする指数であらわす。日本銀行が発表する企業物価指数，総務省が発表する消費者物価指数などがある。

メモ
国民の福祉水準をあらわす指標としては，㉔やグリーン GDP のほか，国民純福祉(NNW)や人間開発指数(HDI)などがある。

p.91 クイズの答え　③

チャレンジしよう

1 GDPの計算について，具体例から考えよう。

(1) それぞれが生み出した付加価値(新たに生み出した額)はいくらになるだろうか。

小麦農家：(　　　　)億円

製粉業者：(　　　　)億円

パン屋　：(　　　　)億円

ヒント 付加価値＝それぞれの売り上げ－原材料費

	売り上げ	原材料費
小麦農家	小麦　20億円	－
製粉業者	小麦粉　27億円	小麦　20億円
パン屋	パン　40億円	小麦粉　27億円

(2) (1)から，小麦からパンをつくるまでの付加価値の合計(GDP)はいくらになるだろうか。

(　　　　)億円

(3) 上の表をもとに，総生産額と中間生産物の額からもGDPを求めよう。

総生産額：(　　　　)億円　中間生産物の総額：(　　　　)億円　GDP：(　　　　)億円

ヒント 総生産額は売り上げの合計，中間生産物の額は原材料費を示す。GDP＝総生産額－中間生産物

(4) ？GDPの大きさが500兆円から550兆円になれば，名目経済成長率は何％になるのだろうか。また，この時，物価上昇率が３％であれば，実質経済成長率の何％になるか，最も近い数値を選んで○をつけよう。　名目経済成長率：(　　　　)％　実質経済成長率：(　3　・　7　・　10　)％

2 景気変動について，図を使って考えよう。

(1) 次の①～⑧から，好況期，不況期に発生する現象を選び，番号で書こう。

①生産の拡大　②生産の縮小　③在庫の増大

④在庫の減少　⑤物価下落　⑥物価上昇

⑦失業者の減少　⑧失業者の増大

好況期(　　　　　　　　　　)

不況期(　　　　　　　　　　)

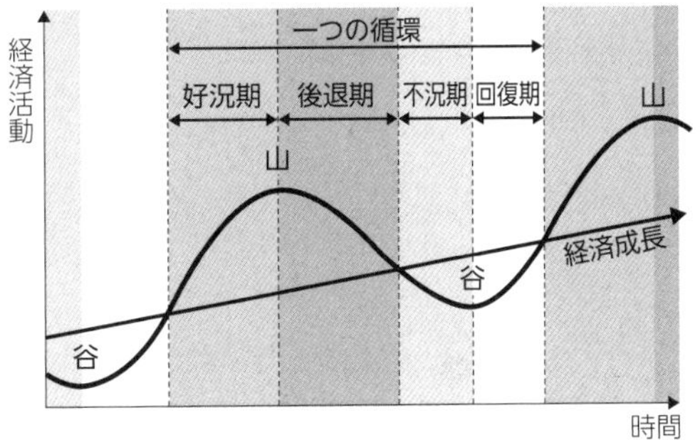

(2) おもに設備投資の変動を原因として発生する，約10年の周期をもつ景気変動を何というか。

(　　　　　　　　　　)の波

3 自分のことばで書こう。

「経済成長は国民の福祉水準の動向を正確にあらわすことができない」のはなぜだろうか。具体例をあげて考えよう。

Check!

①道路や建物，機械設備など，長い期間にわたって蓄積された量。……(　　　　)

②GDPのように一定期間内に生み出された量。………………………(　　　　)

③国民所得の三面等価の原則に見られる三側面。……………………(　　　　)

④在庫の変動を原因として発生する，約40か月の周期をもつ景気変動。(　　　　)

⑤資本の増大などによって発生するGDPの拡大。……………………(　　　　)

Qクイズ 日本人プロサッカー選手が海外で得た所得は，何に分類されるでしょう？　①GDP　②GNI

47 金融の意義と役割

なぜ紙幣に価値があるのだろうか。自分の考えを書いてみよう。

メモ
日本の場合，紙幣は中央銀行（日本銀行）が発行するが，貨幣は政府が発行する。

メモ
⑩は預金が現金として引き出された時点で終了となるが，計算方法は貸し出しを最大限まで続けることを想定している。

1 金融のしくみ

❶＿＿＿＿……資金を融通すること（借り手と貸し手の間の資金の流れ）
・❷＿＿＿＿……資金を融通する場
・❸＿＿＿＿……借り手が株式などを発行して直接資金を調達
・❹＿＿＿＿……借り手が❺＿＿＿＿を通じて資金を調達

2 通貨と信用創造

(1) ❻＿＿＿＿（貨幣）……経済活動をおこなう時の仲立ちとなるもの
・貨幣の三つの機能……❼＿＿＿＿尺度・交換手段・❼貯蔵手段
・❽＿＿＿＿……硬貨や紙幣
・❾＿＿＿＿……普通預金や当座預金

(2) ⑩＿＿＿＿……銀行がおこなう❾の創造
❾の受け入れ・貸し出しをくり返す
⟶最初に預けた額よりも市中に流通するお金が多くなる

3 中央銀行と金融政策

(1) ⑪＿＿＿＿……国家の金融の中心
・⑫＿＿＿＿を操作し，通貨量を調整
・⑬＿＿＿＿……⑪が通貨の発行量を自由に調整

(2) 日本銀行（日本の中央銀行）の金融政策
①⑭＿＿＿＿（オープン・マーケット・オペレーション）
……日本銀行が市中金融機関と国債や手形を売買
⟶無担保⑮＿＿＿＿を政策金利として誘導
⟶銀行の貸し出し金利に影響
②⑯＿＿＿＿　※現在はおこなわれていない
……日本銀行が市中銀行に預金準備金として預けさせる割合を変更
⟶銀行の貸し出し額を調整

4 バブル経済崩壊後の金融政策

背景：景気の後退＋⑰＿＿＿＿（物価の下落）
・⑱＿＿＿＿金利政策……政策金利を⑱にして，市場の資金の量を増やす
・⑲＿＿＿＿政策
……市中金融機関が日本銀行に預けるお金の量を増やす
・量的・質的金融緩和政策…日本銀行が通貨量を増やし物価の上昇をめざす
・⑳＿＿＿＿金利
……市中金融機関が日本銀行に預けている資金に㉑＿＿＿＿を課す

p.93クイズの答え　②

チャレンジしよう

1 信用創造について，図を使って考えよう。

(1) 預金準備率が10％で100万円を預金した場合，図のＡ～Ｊにあてはまる数字を書きこもう。

(2) (1)の場合，新たに生み出された総預金額はいくらになるだろうか。計算して求めよう。

（　　　　　　）万円

ヒント 新たに生み出された総預金額＝最初の預金額÷預金準備率－最初の預金額

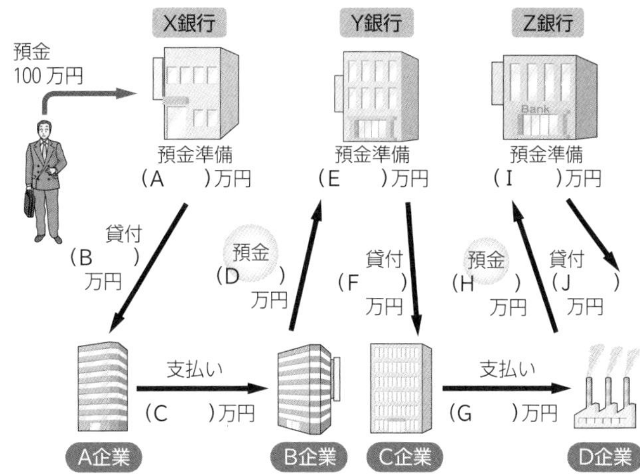

2 通貨量について，身近な事例から考えよう。

(1) 通貨量が増える，つまり経済全体に流通する通貨の総量が増えると，私たちの生活・社会にどのような影響があるのか，メリット・デメリットを考えよう。

メリット	デメリット

(2) (1)であげた「経済全体に流通する通貨の総量」を示す統計を何というか。

（　　　　　　）

3 日本銀行の金融政策について，図を使って考えよう。

図のＡ～Ｆにあてはまる語句を下の選択肢から選び，記号を書きこもう。

Ａ（　　　）　Ｂ（　　　）
Ｃ（　　　）　Ｄ（　　　）
Ｅ（　　　）　Ｆ（　　　）

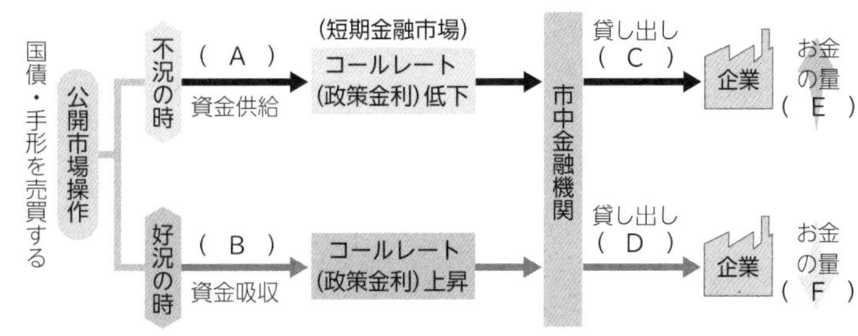

〔選択肢〕 ア．国債・手形の売却（売りオペレーション）
イ．国債・手形の買い上げ（買いオペレーション）
ウ．増える　エ．減る　オ．増加　カ．減少

Check!

①資金の借り手と貸し手との間でおこなう資金の融通。……………………（　　　　）

②銀行などの金融機関を仲立ちとして資金を調達すること。……………（　　　　）

③中央銀行が金の保有量に関係なく通貨を発行できる制度。……………（　　　　）

④日本銀行が国債や手形を売買し，通貨量を増減させる政策。…………（　　　　）

⑤政策金利をゼロにして，市場の資金の量を増やす政策。………………（　　　　）

Qクイズ 一万円札の寿命はどのくらいでしょう？　①約10年　②約５年　③約１年

48 金融のいま

現在キャッシュレス決済を何か使っていれば，あげてみよう。

メモ

日本版❸は，フリー（自由）・フェア（公正）・グローバル（世界的で時代を先取りする市場）の理念の下，1996年に橋本内閣が提唱し，実施された。

1　金融の自由化と国際化

第二次世界大戦後　❶＿＿＿＿方式（国が金融機関を規制・保護）

↓　金融の❷＿＿＿＿化と国際化が進展

1990年代後半〜　**日本版❸**＿＿＿＿

……金融商品やサービスの❷化が進む

⟶銀行・証券・信託・保険などの金融業務の垣根が大幅に低くなる

2　金融における技術革新

❹＿＿＿＿（情報通信技術）の発達⟶金融にも大きな影響

・❺＿＿＿＿……金融とテクノロジーの融合

決済，送金，資産運用，口座管理，融資などさまざまな場面で活用

・❻＿＿＿＿

……起業者と出資者を❼＿＿＿＿上で仲介

新たな資金調達方法として注目

・**暗号資産**（❽＿＿＿＿）……❼上で取り引きされ，通貨の役割をもつ

法定通貨による裏づけがないため❾＿＿＿＿が大きく変動

⟶通貨としての信用を支えるための国際的なルールづくりが必要

・❿＿＿＿＿**化**の進行

背景：電子マネーやスマートフォンの決済アプリの普及

お金のやりとりが便利になる一方で，その動きが複雑になっている

3　金融との向きあい方

(1)　金融商品の運用に必要な知識

金融商品……銀行や⓫＿＿＿＿などの金融機関が提供・仲介する商品

・⓬＿＿＿＿……「収益率の⓭＿＿＿＿性」を意味する

・⓮＿＿＿＿……平均的に得られる収益率

⓬が大きいほど⓮も大きく，⓬が小さいほど⓮も小さい

⟶⓬が小さく，⓮が大きい金融商品は⓯＿＿＿＿

・⓰＿＿＿＿投資……リスクを⓰

⓱＿＿＿＿のリスクを抑え，安定したリターンになる可能性

(2)　投資の意義〜株式の場合

⓲＿＿＿＿……将来伸びてもらいたい会社を見きわめ，成長に参加

企業……事業の長期的存続には⓳＿＿＿＿が必要

↓

投資は資産を増やすだけでなく，企業の⓳を促し，社会の課題解決をめざす

p.95クイズの答え　②

チャレンジしよう

1 キャッシュレス決済について，自分の経験から考えよう。

教科書p.146図1も参考にして，現金やキャッシュレス決済を使う時に注意すべき点をまとめよう。

現　金	キャッシュレス決済

2 いまを生きるスキル 金融との向きあい方を考えよう。

(1) 次のア～エの説明にあてはまる金融商品を書こう。また，その金融商品は図1のA～Dのどれにあてはまるか，記号を書こう。

ア．配当を受け取ったり，売買したりした時の差額を利益とする。

イ．銀行から利息を得る。金融機関が破綻しても一定額が戻る制度がある。

ウ．資産運用を専門家にまかせ，運用実績が上がれば利益を得る。

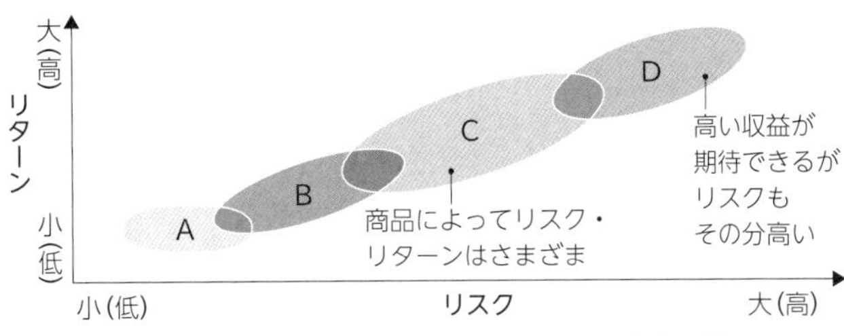

↑図1　金融商品のリスクとリターンのイメージ

エ．企業や国などに資金を貸し付け，一定期間保有することで利息を得る。

ア（　　　　　　　　，記号　　　）　イ（　　　　　　　　，記号　　　）

ウ（　　　　　　　　，記号　　　）　エ（　　　　　　　　，記号　　　）

(2) 図2を見て，日本の金融資産の特徴を考えよう。

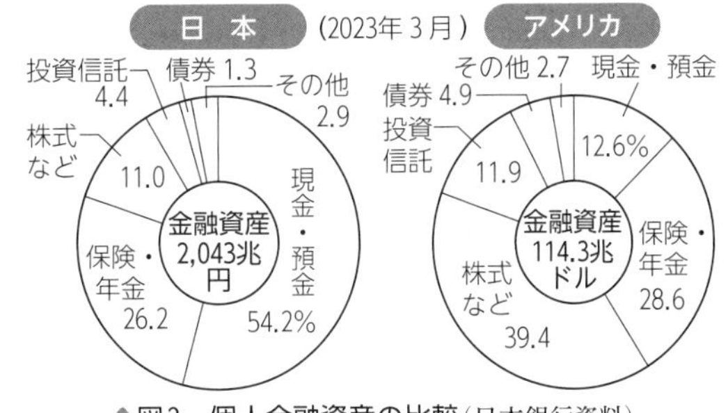

↑図2　個人金融資産の比較（日本銀行資料）

(3) 将来，自分の資産をどのように扱っていきたいか，自分の考えを書こう。

Check!

①1990年代に実施された，金融商品やサービスの自由化を進める政策。（　　　　　　）

②金融と技術を組みあわせた金融サービス。……………………………（　　　　　　）

③相場の価格変動を利用して利益を得ようとする短期的な取り引き。…（　　　　　　）

④現金を持ち歩かなくとも取り引きできる支払い方法。…………………（　　　　　　）

⑤金融商品の選択において「収益率の変動性」を意味することば。………（　　　　　　）

Qクイズ　ローリスク・ハイリターンな金融商品の代表例はどれでしょう？　①預貯金　②株式　③ない

49 財政のしくみと租税／日本の財政の課題

身近にある税には，どのようなものがあるだろうか。

1 財政のしくみと租税

(1) 国の予算

❶＿＿＿……国や地方公共団体がおこなう経済活動

国家の**予算**……収入（歳入）と支出（歳出）を計画

①❷＿＿＿……一般行政のための収支

②❸＿＿＿……国がおこなう特定事業の収支

③❹＿＿＿……特殊法人などの収支

・❺＿＿＿……社会資本整備，中小企業への融資など

(2) 財政の目的

①❻＿＿＿……公共財（道路や橋など）の提供

②**所得の**❼＿＿＿……所得が大きくなるにつれて税率を高くする，

所得税の❽＿＿＿**制度**や社会保障制度

③**景気の安定**

・**自動安定化装置**（❾＿＿＿）

……❽制度や社会保障制度など。有効需要は自動的に増減する

・**裁量的財政政策**（❿＿＿＿）

……政府が景気に応じて租税や公共投資を調整し，有効需要を操作する

・⓫＿＿＿……財政政策と金融政策の一体的な運営

(3) **租税**の種類

①租税の分類

・⓬＿＿＿……**所得税**・**法人税**など（納税者＝担税者）

・⓭＿＿＿……**消費税**・**酒税**など（納税者≠担税者）

②課税の公平性を考える基準

・⓮＿＿＿**公平**……同程度の所得であれば同程度の税金を負担

・⓯＿＿＿**公平**……所得の多い人がより多くの税金を負担

2 日本の財政の課題

(1) 租税の課題

⓰＿＿＿……直接税と間接税の割合

・日本やアメリカは⓱＿＿＿の比率が高い

・会社員と自営業者で捕捉率に違い⟶マイナンバー制度導入

(2) **公債**（資金を調達するために発行する債券）をめぐる問題

①⓲＿＿＿……国が発行する公債。⓳＿＿＿（**建設国債**）

や，⓴＿＿＿（**赤字国債**）

メモ

主権者である国民は，「社会の会費」を負担する義務がある。これが憲法で定められた納税の義務である。

メモ

消費税は所得にかかわらず一律に課税されるため，低所得者ほど負担が重く感じられる**逆進性**の問題がある。

p.97クイズの答え　③

②㉑ ……地方公共団体が発行する公債

財政の㉒ ……公債残高の増加により，財政に占める公債費の割合が増加し，財政の弾力的な運用が困難になる

⟶㉓ (基礎的財政収支)の均衡をめざす

チャレンジしよう

1 ? 経済活動における政府の役割を考えよう。

なぜ政府が公共財を供給するのだろうか。教科書p.135の「市場の失敗」で学んだことや，もし警察や消防，道路などの公共財が民営化されたらどうなるか，という点から考えよう。

2 Think & Try 持続可能な財政にするためにはどうすればよいか，考えよう。

(1) 右図に関して，次のア〜ウの下線部が正しければ○，誤っていれば×を書こう。×の場合は正しい内容を書こう。

ア．一般会計歳出が伸び続けているが，その背景には<u>グローバル化</u>による社会保障関係費の増加が関係している。

(　　　　　　　　　　)

イ．税収は伸び悩んでいるが，その背景には<u>バブル経済崩壊後</u>の長引く不況がある。

(　　　　　　　　　　)

↑図　歳出と税収の推移(財務省資料)

ウ．一般会計歳出と税収の差は国が公債を発行することで穴埋めしているが，差は<u>少なくなっている</u>。

(　　　　　　　　　　)

(2) 見方・考え方 これからの財政はどうあるべきか，教科書p.151であげた二つの考えも参考にして，現役世代・将来世代の幸福，正義，公正から考えよう。

Check!

①所得が大きくなるにつれて税率を高くする制度。……………………… (　　　　　　　　　　)

②景気に応じて税金や公共支出を増減させる裁量的財政政策。………… (　　　　　　　　　　)

③財政政策と金融政策の一体的な運営。……………………………………… (　　　　　　　　　　)

④租税に占める直接税と間接税の割合。……………………………………… (　　　　　　　　　　)

⑤公債残高の増加により，自由な財政支出ができない状態。…………… (　　　　　　　　　　)

Qクイズ 2023年度の公債残高は，国民１人あたりどのくらいでしょう？　①約８万円　②約85万円　③約850万円

50 社会保障と国民福祉／これからの社会保障

「社会保障」と聞いて，思いうかぶものをあげよう。

1 社会保障と国民福祉

(1) ❶＿＿＿＿**制度**……病気や失業など，個人の力だけでは対応できないリスクに対して，社会全体で助けあい支えようとするしくみ

(2) 日本の社会保障制度……憲法第25条（❷＿＿＿＿権）に基づく

社会保険	❸＿＿＿＿・**国民皆年金**制度が確立	
	❹＿＿＿＿保険	全員が加入，安く治療が受けられる
	❺＿＿＿＿保険	勤労者や学生が加入 老齢・障害・遺族の三種類がある
	❻＿＿＿＿保険	勤労者が加入，失業時などに給付される
	❼＿＿＿＿保険	勤労者が事業者の負担で加入──→全額事業者が負担 業務や通勤による疾病などに際して給付される
	介護保険	❽＿＿＿＿歳以上が加入 介護を必要とする人に介護サービスを提供
❾＿＿＿＿		生活困窮者に対して，最低限の生活を保障 ❿＿＿＿＿**法**──→全額公費負担
⓫＿＿＿＿		児童・高齢者・障害者らに施設やサービスを提供
保健医療・公衆衛生		国民の健康維持，生活環境の整備や保全

・⓬＿＿＿＿（民間保険・預貯金など）を基本に，⓭＿＿＿＿（社会保険）や**公助**（社会福祉・公的扶助・公衆衛生）で補完

(3) 日本の年金制度

①⓮＿＿＿＿**制度**……公的年金制度の格差是正をめざして導入。学生も含む⓯＿＿＿＿歳以上60歳未満が⓰＿＿＿＿に加入

②年金財源の調達方法

・⓱＿＿＿＿**方式**……保険料を積み立て，老後に利息とともに受け取る

・⓲＿＿＿＿**方式**……年ごとに年金給付額に必要な財源を調達

──→現在の日本は⓳＿＿＿＿に基づく⓲方式

2 これからの社会保障

(1) **人口減少社会**の到来

⓴＿＿＿＿**率**の低さ

＋医療の進歩による平均寿命の伸び──→㉑＿＿＿＿**化**──→人口減少

(2) 日本の社会保障制度の課題（持続可能な社会保障制度の実現に向けて）

①給付と負担のバランス　②保険料や給付額の格差

③社会福祉サービスの立ち遅れ

──→㉒＿＿＿＿の考え方に基づき，障害を取り除いた㉓＿＿＿＿**社会**の実現が必要

メモ

人口を維持するためには，2.07の⓴率を維持する必要があるといわれる。

メモ

人口ピラミッドでは，多産多死は富士山型，少産少死はつりがね型になり，㉑化がさらに進むとつぼ型になる。

p.99クイズの答え　③

チャレンジしよう

1 Think & Try 人口減少社会の影響を考えよう。

(1) ？下の図を見て，1950年，2020年，2070年における，15〜64歳人口と65歳以上人口の割合をくらべよう。

(2) (1)から，日本の総人口は今後どうなっていくのだろうか。また，動きが大きいのはどの世代の人口だろうか。

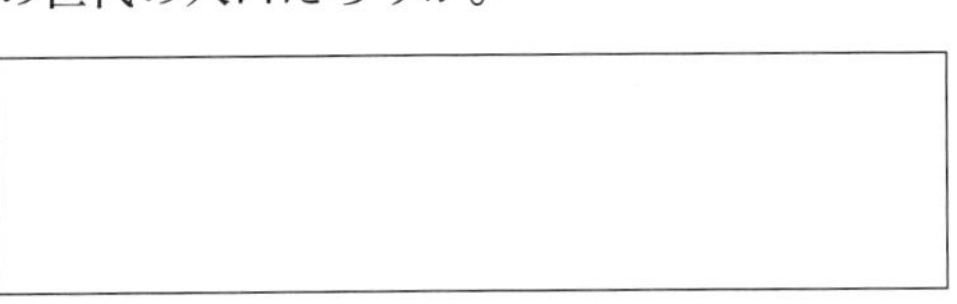

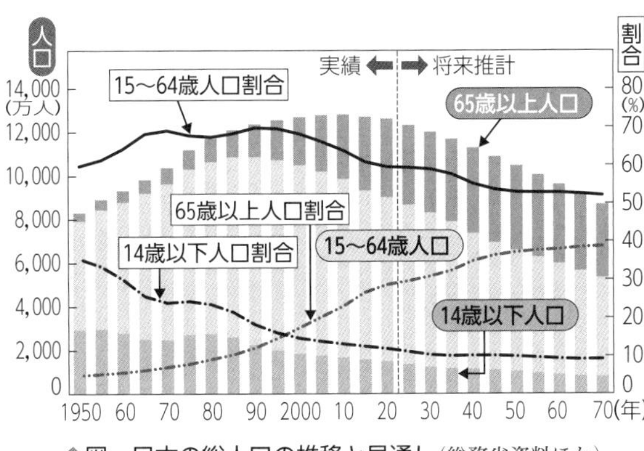

↑図　日本の総人口の推移と見通し（総務省資料ほか）

(3) (2)の動きによって，どんな影響が生じると考えられるだろうか。これまでの学習も参考にして，次の三分野について考えよう。

①年金制度	
②財政・税制度	
③産業・労働市場	

(4) (3)であげたような影響を乗りこえるために，どのような取り組みを進めるべきであろうか。

2 調べて自分のことばで書こう。

見方・考え方　多様な人々がともに暮らすためにどのような工夫がなされているか，ユニバーサルデザインやバリアフリーの事例から考えよう。

Check!

①公的扶助の根拠となっている法律。……………………………………（　　　　　　　　　　）
②公的年金における格差是正を目的に1986年に導入された制度。………（　　　　　　　　　　）
③一人の女性が生涯に出産する子どもの数の平均をあらわしたもの。…（　　　　　　　　　　）
④すべての人がともに生活できるよう障害を取り除いた社会。…………（　　　　　　　　　　）
⑤あらゆる人が使いやすいデザイン。……………………………………（　　　　　　　　　　）

Qクイズ　2022年の日本の合計特殊出生率はいくつでしょう？　①1.26　②1.58　③2.01

私たちから未来へ

持続可能な社会保障制度を維持するにはどうすべきだろうか

▶タイトルにあげた問いについて，自分の考えを書いておこう。

1 課題の把握 日本の社会保障制度の財源の現状

(1)　教科書p.156図12を見て，次の①～③にあてはまる語句を書こう。

・社会保障給付費の増加にともない，その財源は保険料だけでなく①　　　（税金と公債）でまかなう部分が急激に増加している。

・社会保障給付費で最も多いのは，②　　　給付である。

・社会保障給付費の対国民所得比を1970年度と2020年度でくらべると，約③　　　倍になっている。

(2)　(1)や教科書p.157図10，これまで学んだことから，今後の社会保障制度にどのような問題があると考えられるか，次のキーワードを使って書こう。

〔　公債　　少子高齢化　　人口減少　〕

ヒント　教科書p.148図2「一般会計予算」，p.155図4「日本の総人口の推移と見通し」も確認しよう。

(3)　教科書p.156図3から，「高福祉・高負担」といえる国と，「低福祉・低負担」といえる国を書き出そう。

高福祉・高負担（　　　　　　　　　　　　　　　　）

低福祉・低負担（　　　　　　　　　　　　　　　　）

2 3 考える視点 「高福祉・高負担」「低福祉・低負担」の社会保障制度

(1)　教科書p.156図4，p.157図7から，日本の現在の社会保障制度の特徴をあげよう。

メモ

2014年と2019年におこなわれた消費税率の引き上げによる増収分は，子育て支援なども含めた社会保障費にあてられている。

p.101 クイズの答え　①

(2)「高福祉・高負担」「低福祉・低負担」とは，それぞれどのような意味か，まとめよう。

高福祉・高負担	
低福祉・低負担	

(3)「高福祉・高負担」「低福祉・低負担」のメリット・デメリットをまとめよう。

	高福祉・高負担	低福祉・低負担
メリット		
デメリット		

4 私の考えをまとめる 適切な給付と負担のバランスは？

(1) 見方・考え方 自分が考える適切な給付と負担のバランスを下図に★で書きこみ，その理由も書こう。理由を考える際，選択・判断の手がかりとなる二つの考え方も活用しよう。

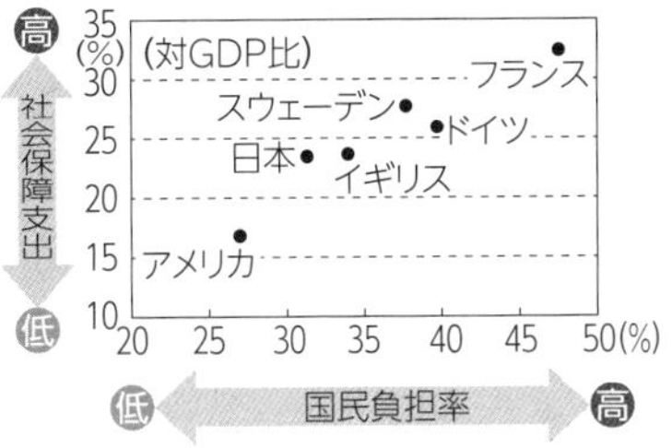

↑図 私が考える適切な給付と負担のバランス

理由

(2) (1)で考えた内容を発表しあい，そこで得た考えをもとに変更があれば，図に赤で書きこもう。

メ モ

教科書 p.156図5で高福祉・高負担の国の付加価値税率を日本とくらべたり，アメリカの医療費について調べたりして，メリット・デメリットを具体的にあげよう。

▶1～4の学習をふまえ，改めてタイトルにあげた問いについて，自分の考えをまとめよう。

クイズ 付加価値税(消費税)に軽減税率を設けている国はどこでしょう？ ①日本 ②スウェーデン ③ドイツ

52 国際分業と貿易／国際収支と国際経済体制

自分が持っているもので，外国製のものがあれば，どこの国かあげよう。

メモ

貿易の考え方は，先進国と発展途上国とで立場が異なる。❹と❻がそれぞれの主張を唱えた頃の国の状況もふまえ，２人の考えを比較しよう。
イギリス…産業革命が起き，工業化が進んだ。
ドイツ…農業中心で工業化は進んでいなかった。

1 国際分業と貿易

(1) ❶＿＿＿……他国より割安に生産できる財の生産に集中（❷＿＿＿）してこれを輸出。割高にしか生産できない財は輸入
⟶双方が❸＿＿＿を得る

(2) 自由貿易と保護貿易

自由貿易……イギリスの経済学者❹＿＿＿が主張
・❺＿＿＿**説**⟶国際分業が生活を豊かにする
・安価な製品の輸入により自国産業が衰退⟶失業者発生の懸念も
・先進国と発展途上国との経済格差が固定化

保護貿易……ドイツの経済学者❻＿＿＿が主張
・自国の産業の保護・育成が目的⟶❼＿＿＿や輸入制限
・行きすぎた保護貿易は国際経済の発展を阻害する懸念も

2 国際収支と国際経済体制

(1) ❽＿＿＿……外国との経済取り引きの受け取り額と支払い額を，総合的にまとめて記録したもの

①❾＿＿＿**収支**
・❿＿＿＿**・サービス収支**：商品やサービスの取り引き
・⓫＿＿＿**収支**：配当や利子など
・⓬＿＿＿**収支**：食料の無償援助など

②⓭＿＿＿**収支**：直接投資，証券投資，外貨準備（政府や中央銀行がもつ外貨）など。対外純資産が増えればプラスになる

③⓮＿＿＿**収支**：社会資本への無償資金援助など

④誤差脱漏

(2) 国際貿易体制
⓯＿＿＿（**世界貿易機関**）を中心とした国際貿易体制
・⓰＿＿＿（**関税および貿易に関する一般協定**）の後継
・⓰の⓱＿＿＿・⓲＿＿＿・⓳＿＿＿**主義**の三原則を引き継ぎ，多角的貿易交渉（⓴＿＿＿）を重ねる

(3) 国際通貨体制……ブレトンウッズ協定の下で確立

①㉑＿＿＿（**国際通貨基金**）……外国為替相場の安定をめざし，経常収支の㉒＿＿＿的な赤字や資本流出に直面した国に金融支援

②**国際復興開発銀行**（㉓＿＿＿，**世界銀行**）
……戦災国への㉔＿＿＿的な融資⟶現在は，発展途上国への融資

p.103クイズの答え　①，②，③

チャレンジしよう

1 比較生産費説について，ある場面を想定して考えよう。

ある無人島にAとBがたどり着きました。島から出る手段がなく，助けが来るまで島で待つしかなさそうですが，食料は限られた量しかありません。そこで二人は，生きのびるために働き始めました。
Aは栽培が上手で，１日働くと，野菜だけなら10個，または果物だけなら８個も生産することができます。一方Bは，栽培がAよりはうまくなく，１日働くと，野菜だけなら４個，果物だけなら６個生産するのがやっとです。

(1) 上の文章を表にまとめたものが，右の表である。この場合，１日でとれる量の合計を求めよう。

野菜だけを生産した場合（　　　　）個

果物だけを生産した場合（　　　　）個

ヒント AとBがそれぞれ生産した量の合計を求めよう。

	野菜	果物
A	10	8
B	4	6

（数字は1日で生産できる量）

(2) (1)の表を見ると，A，Bそれぞれが１日で生産できる量に差があることがわかる。それぞれが多く生産できる方を選んだ場合，どのようになるか。

Aが①＿＿＿＿を生産し，Bが②＿＿＿＿を生産すれば，1日に，合計③＿＿＿＿個の食料を生産できる。

(3) (1)と(2)だと，どちらの方がより多くの食料を生産できるだろうか。（　　　　）

ヒント それぞれが得意なものに特化して交換することで，より多くの利益を得ることができる。国際経済における自由貿易でも，同様のことがいえる。

2 国際収支について，具体的な例や図から考えよう。

(1) ？次の①～④の事例は国際収支のどの項目に該当するのだろうか。あてはまる項目を書こう。

①日本の自動車会社がアメリカに自動車を輸出し，代金を受け取った。（　　　　）

②ハワイに旅行に行って，レストランで食事をした。（　　　　）

③日本企業が中国に工場を建てるために日本から送金した。（　　　　）

④日本企業のフランス支社から，利益の一部が東京本社に送られてきた。（　　　　）

(2) 右の図に関して，次の①～⑤の空欄にあてはまる語句を書きこもう。

・おおむね貿易①＿＿＿＿で推移してきたが，2011～15年は，②＿＿＿＿や円高の影響による輸出の減少などから，③＿＿＿＿となった。

・直接投資によって④＿＿＿＿収支はプラス傾向にある。その結果，外国からの投資収益が増え，⑤＿＿＿＿収支は黒字が拡大している。

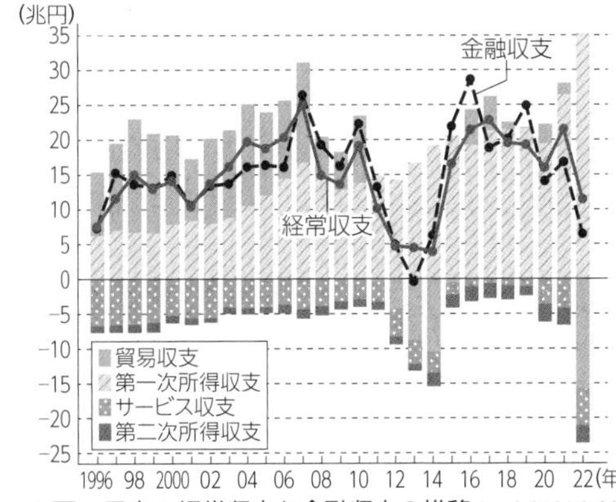

↑図 日本の経常収支と金融収支の推移（日本銀行資料）

Check!

①比較生産費説を主張したイギリスの経済学者。……………………（　　　　）

②国際収支のうち，投資による利子や配当などの動きを示したもの。…（　　　　）

③GATTの後継として設立された世界の貿易を協議する常設機関。……（　　　　）

④外国為替相場の安定を目的に設立された機関。……………………（　　　　）

⑤第二次世界大戦後の自由貿易を推進する国際経済体制。……………（　　　　）

Qクイズ IBRDから融資を受けてつくられたものはどれでしょう？ ①東京タワー ②東海道新幹線 ③国会議事堂

53 外国為替相場の動き

生活のなかで，円高／円安を感じる機会はあるだろうか。

メモ

❶市場には特定の場所はなく，取引参加者の電話などのやりとりで，全体として市場を形成している。

1 外国為替相場

(1) ❶＿＿＿＿……国際間でおこなわれる為替取り引き

(2) ❷＿＿＿＿（**為替レート**）……外国と取り引きする際の自国通貨と外国通貨との交換比率

日本では，1949年～：❸＿＿＿＿**相場制**（1ドル＝360円）を採用

1973年～：❹＿＿＿＿**相場制**に移行

2 外国為替相場の変動の影響

(1) 円高と円安

1ドル＝100円

A　B

1ドル＝200円

A：円❺＿＿＿＿・ドル❻＿＿＿＿

B：円❼＿＿＿＿・ドル❽＿＿＿＿

円とドルを交換する場面において

①1ドル＝200円の場合──→1万円＝❾＿＿＿＿ドル

②1ドル＝100円の場合──→1万円＝❿＿＿＿＿ドル

──→1ドル＝⓫＿＿＿＿円の場合の方がより多くのドルと交換できる

＝円の価値が高い（円高）

(2) 外国為替相場の変動の要因

①輸出入（アメリカと日本の貿易の場合）

・日本からの輸出が増加──→日本の⓬＿＿＿＿の受け取り額増加──→⓬売り・⓭＿＿＿＿買いが進む──→円⓮＿＿＿＿・ドル⓯＿＿＿＿

・日本への輸入が増加──→日本の⓰＿＿＿＿の支払い額増加──→⓰買い・⓱＿＿＿＿売りが進む──→円⓲＿＿＿＿・ドル⓳＿＿＿＿

②国際間の資金移動

・日本の金利が上昇──→日本への資金流入が増加──→円⓴＿＿＿＿

・日本の金利が低下──→日本から資金流出が増加──→円㉑＿＿＿＿

③投機家の行動

(3) 外国為替相場の変動の影響

㉒＿＿＿＿制の下ではつねに為替相場が変動

──→日本の為替相場は，大きな変動をくり返してきた

円高の影響

・輸入製品の価格が㉓＿＿＿＿なる──→国内の物価が㉔＿＿＿＿

・㉕＿＿＿＿産業が打撃──→円高不況になる恐れ

・海外に工場を移す企業が増加──→**産業の**㉖＿＿＿＿

p.105クイズの答え　②

チャレンジしよう

1 円高について，弁当を例にして考えよう。

「日本屋」というお店で，以前は弁当1個が8ドルで売られていた。ここの弁当は評判がよいので，値上げをして，今は10ドルで売られている。しかし，弁当自身は味はもちろん材料費など何も変わっていない。

(1) 1,000ドル売り上げるには，以前は125個販売しなければならなかった。では，今は何個売ればよいだろうか。　（　　　）個

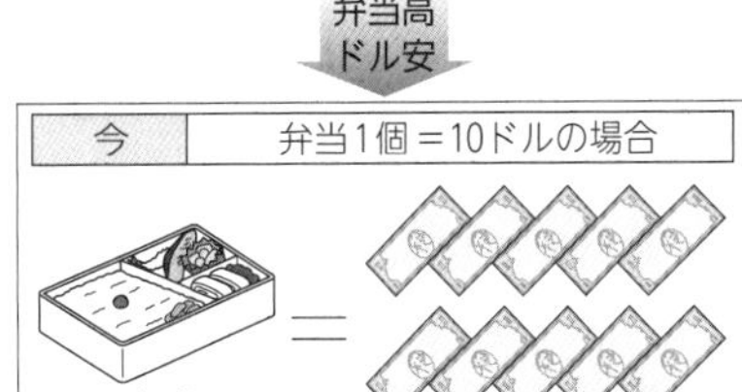

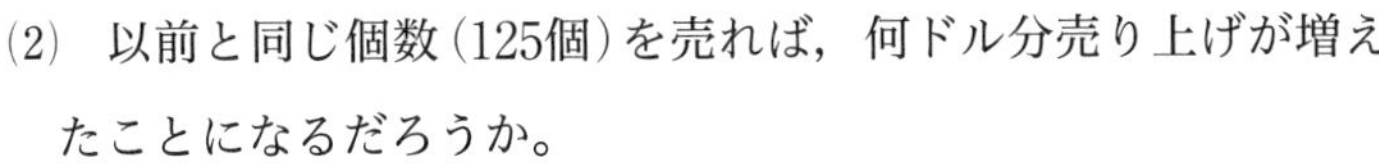

(2) 以前と同じ個数（125個）を売れば，何ドル分売り上げが増えたことになるだろうか。

ヒント 1,250ドル売り上げることになる。　（　　　）ドル

(3) 今の弁当の価値は，以前とくらべて高くなったか，低くなったか。（　　　　　　）

(4) 「日本屋の弁当」を「日本の円」に置きかえて考えると，円高になるというのはどういうことなのだろうか。（　　　　　　）

2 Think & Try 為替相場の影響を考えよう。

(1) 日本で1台300万円の自動車をより多く輸出するためには，1ドルが100円の時と200円の時，どちらがよいだろうか。　1ドル＝（　　　）円の時

(2) 外国産のタイヤをできるだけ安く輸入するには，1ドルが100円の時と200円の時，どちらがよいだろうか。　1ドル＝（　　　）円の時

(3) (1)と(2)の解答のうち，どちらが円高だろうか。(1)(2)から，円高になると貿易にどのような影響があるだろうか。　1ドル＝（　　　）円の方が円高

影響

(4) これからの日本経済を維持・発展させていくためには，円高，円安どちらが理想だろうか。自分の考えを示して，その理由を書こう。　私は（　　　）がよいと考える

理由

Check!

①外国と取り引きする際の自国通貨と他国通貨との交換比率。…………（　　　）

②第二次世界大戦後の日本のように，①が固定されている制度。………（　　　）

③自由に①が変動する制度。………………………………………………（　　　）

④外国の通貨に対して，円の価値が低くなること。………………………（　　　）

⑤製造業の海外進出によって，国内の生産能力が弱まること。…………（　　　）

Qクイズ　これまでの為替相場で，最も円が高くなったのは1ドル何円台でしょう？　①95円台　②85円台　③75円台

54 グローバル化する経済

生活のなかで，グローバル化を感じるのはどのような時だろうか。

メモ

❸は，新興国・発展途上国の枠組みとして，2024年よりサウジアラビアやイランなどが加わることとなった。

1 経済のグローバル化

(1) 経済の❶

……ヒト・モノ・カネ・情報が国境をこえて移動すること

・❷（情報通信技術）の発達による活発な国際資本移動

──→世界の国々の経済成長に貢献

(2) 新興諸国の経済成長

①❸の台頭……豊富な❹や天然資源をもつブラジル・ロシア・❺・中国・南アフリカ共和国の５か国。先進国の量的緩和政策も手伝い，2000年代に高い経済成長を実現

──→政策の終了にともない，経済成長は減速

②中国……改革開放政策の下，社会主義❻を進める

❼（世界貿易機関）に加盟し，貿易活発化

──→GDPは❽に次ぐ世界第二位

③❾……新興諸国を含む主要20か国・地域

(3) 経済のグローバル化による深刻な影響

ある国で発生したできごとが，世界全体に影響をおよぼすこともある

・アメリカで住宅バブル崩壊──→❿・ローン問題──→金融機関が経営破綻（⓫）──→世界金融危機──→世界同時不況

・中国で⓬による感染症が確認

──→世界中で感染拡大

2 グローバル化するなかでの日本

(1) 日本の貿易

①以前……原材料を輸入し，工業製品を輸出する⓭型

②1980年代後半……貿易収支の不均衡による⓮摩擦や⓯の影響で日本企業が海外に生産拠点を移転

──→中国やアジア⓰（新興工業経済地域）が工業化

──→アジア地域から機械などの製品輸入が急増

(2) これからの日本経済

・アジアを中心に国境をこえた生産ネットワークが確立

・日本は貿易立国から⓱立国へ

……産業の⓲が進み，製造業から⓳産業へ産業構造が転換──→研究開発や商品開発などの付加価値型へ

p.107 クイズの答え　③

チャレンジしよう

1 Think & Try 経済成長率から考えよう。

(1) 世界同時不況が起きた2008年前後に各国の経済成長率はどう動いているのだろうか。

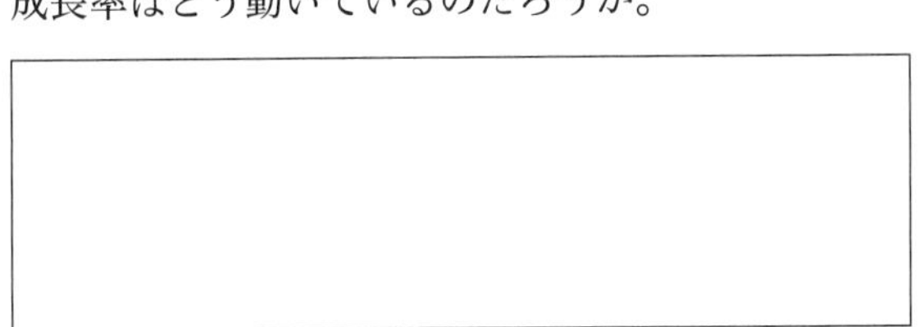

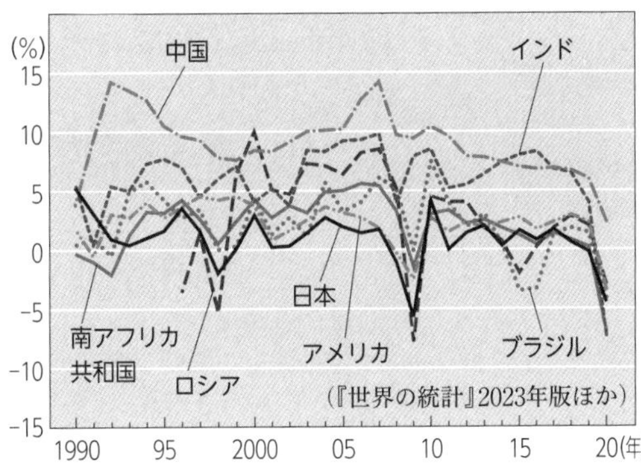

(『世界の統計』2023年版ほか)

(2) 日本やアメリカと比較して，新興国の国々の経済成長率の動きの特徴をあげよう。

(3) 経済のグローバル化は，各国の経済成長率にどのような影響を与えているのだろうか。

2 経済のグローバル化について，具体的な事例から考えよう。

(1) ？教科書 p.164図2では，品質のよい服を安く買える店舗が取り上げられている。なぜ安く服が買えるのだろうか。

(2) 経済のグローバル化のよい点・悪い点を，教科書に出ている事例から書き出そう。

よい点	悪い点

(3) 経済のグローバル化が与える日本経済への課題を取り上げ，その課題をどのように克服すべきだろうか。自分の考えをまとめよう。

課題
課題の克服のために

Check!

①ブラジル・ロシア・インド・中国・南アフリカ共和国の総称。……………（　　　　　）

②新興諸国も含む主要20か国・地域。……………………………………………（　　　　　）

③工業化によって急速に発展したシンガポール，香港，台湾，韓国の呼称。（　　　　　）

④サブプライム・ローン問題の影響で金融機関が破綻したできごと。………（　　　　　）

⑤原料を輸入し，重化学工業製品を輸出する貿易構造。………………………（　　　　　）

Qクイズ　日本の最大の貿易相手国はどこでしょう？　①中国　②インド　③韓国

55 地域的経済統合

聞いたことがある地域的経済統合をあげよう。

メ　モ

第二次世界大戦前の❹は保護主義的なブロック経済を引き起こした。現在の❹は自由貿易圏の拡大をめざす目的で進められている。

メ　モ

CPTPPの参加国
ブルネイ，チリ，ニュージーランド，ベトナム，マレーシア，シンガポール，日本，オーストラリア，カナダ，ペルー，メキシコ

1 経済統合が進む世界

(1) ❶＿＿＿＿……加盟国間で貿易に関する関税などを撤廃し，より大規模な市場を形成することで経済発展をめざす

①❷＿＿＿＿（**自由貿易協定**）……二国以上の国や地域の間で，関税などの規定を削減・撤廃する協定

②❸＿＿＿＿（**経済連携協定**）……❷を柱に，ヒト・モノ・カネの移動の自由化，円滑化をはかり，幅広い経済関係の強化をはかる協定

(2) ❹＿＿＿＿

……複数国間で❷や❸が締結され，国家間での経済が統合されること

⟶**地域主義**（❺＿＿＿＿）

2 EUの現状

(1) **EU**（**欧州連合**）……**欧州連合条約**（❻＿＿＿＿**条約**）により発足（1993年）。前身は❼＿＿＿＿（**欧州共同体**）

(2) 特徴

①❽＿＿＿＿……域内の関税・貿易障壁を完全に撤廃。域内での労働・資本などの国際間移動も自由化

⟶協定により，ほとんどの加盟国で国境検査なしの移動が可能

②❾＿＿＿＿（**欧州中央銀行**）……共通通貨❿＿＿＿＿を発行

③⓫＿＿＿＿**条約**による政治的統合をめざす

⟶加盟国間の経済格差や移民に対する足並みの乱れなどの問題も

⟶イギリスはEUを離脱（2020年）

3 経済統合の潮流

(1) **ASEAN経済共同体**（⓬＿＿＿＿）……将来的な❽の形成をめざし，**ASEAN**（**東南アジア諸国連合**）の経済的な結びつき強める

(2) ⓭＿＿＿＿（**アメリカ・メキシコ・カナダ協定**）

……前身は⓮＿＿＿＿（北米自由貿易協定）

(3) ⓯＿＿＿＿（**南米共同市場**）

……域内の関税撤廃と貿易の自由化をめざす南米６か国の関税同盟

(4) ⓰＿＿＿＿（**アジア太平洋経済協力**）

(5) ⓱＿＿＿＿（**環太平洋パートナーシップ**）**協定**

……原則すべての関税撤廃，投資や知的財産権のルールづくりをめざす

⟶アメリカの離脱により，CPTPPとして発効

(6) ⓲＿＿＿＿（**地域的な包括的経済連携**）**協定**

p.109 クイズの答え　①

チャレンジしよう

1 EUの現状と課題について，地図と図から考えよう。

(1) EUの市場統合のメリットについて，図のA～Dにあてはまる語句を選択肢から選び，書きこもう。

A（　　　　　　）　B（　　　　　　）

C（　　　　　　）　D（　　　　　　）

〔選択肢〕 モノ　ヒト
資本　サービス

（ A ）の移動の自由

EU域内で取得した免許・資格は域内どこでも通用する(大学卒業資格，教員資格，医者・弁護士・看護師の資格など)

（ B ）の移動の自由

EU域内どこからでも貯蓄・投資可能

（ C ）の移動の自由

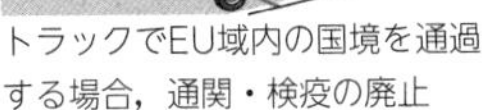

トラックでEU域内の国境を通過する場合，通関・検疫の廃止

（ D ）の移動の自由

自動車保険などのEU域内適用

(2) EC発足後の加盟国について，右の地図に色をぬろう。

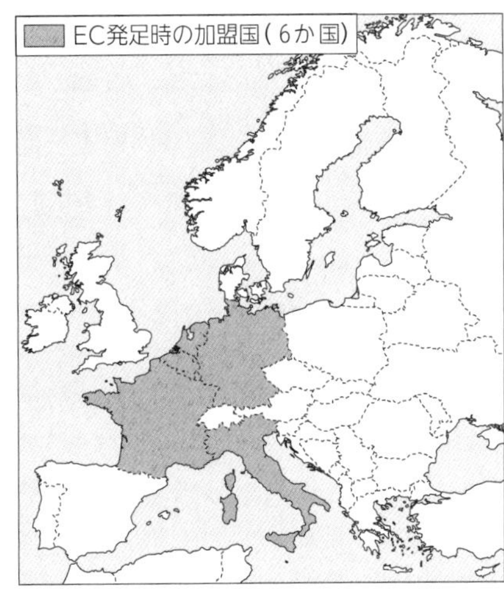

(3) (2)から，EUの拡大にはどのような特徴があるだろうか。

(4) 拡大を続けるEUにはどんな課題があるだろうか。教科書で学んだことや調べたことからまとめよう。

2 自分のことばで書こう。

地域的経済統合が進むことは，人々の生活にどのようなメリットをもたらすのだろうか。自分の考えと，そう考えた理由を具体的に書こう。

メリット
理由

Check!

①FTAを柱に，より幅広い経済関係の強化をはかる協定。……………（　　　　　　）

②地域的経済統合を推進する考え方。……………………………………（　　　　　　）

③ユーロを発行するEUの中央銀行。……………………………………（　　　　　　）

④EU大統領の設置などEUの対外政策の一元化を可能にした条約。…（　　　　　　）

⑤域内の関税撤廃と貿易自由化をめざす南米6か国の関税同盟。………（　　　　　　）

Qクイズ　ユーロとは，もともとどういう意味でしょう？　①1つの　②新しい　③ヨーロッパの

56 私たちから未来へ 日本のこれからの貿易政策はどうあるべきか

▶タイトルにあげた問いについて，自分の考えを書いておこう。

1 課題の把握 今日の日本と世界の貿易政策

(1) 教科書p.168図12を見て，次の①〜⑤にあてはまる語句を書こう。

・世界：イギリスのEU離脱など，①＿＿＿＿に回帰する動きも

・日本：②＿＿＿＿(2018年発効)など，多国間での自由貿易協定を進める。

・日本とEUとの③＿＿＿＿(2019年発効)で関税が撤廃・削減される品目

日本➡EU：④＿＿＿＿

EU➡日本：⑤＿＿＿＿

(2) (1)より，EUとの③で恩恵を受ける産業，深刻な影響を受ける産業は何だと考えられるだろうか。

恩恵を受ける産業　(　　　　)

深刻な影響を受ける産業　(　　　　)

(3) 日本はシンガポールと最初の③を締結して以来，積極的に自由貿易協定を結んでいる。①に回帰する国がある一方で，日本が自由貿易を進める背景を考えよう。

ヒント　教科書p.155図4「日本の総人口の推移と見通し」で人口がどのように変化するか，教科書p.168図3「日本のFTA・EPA等の締結状況」で地理的な面も確認しよう。

メモ

2020年には，ASEAN(10か国)，日本，中国，韓国，ニュージーランド，オーストラリアの15か国が，**RCEP(地域的な包括的経済連携)協定**に署名した(2022年発効)。

2 考える視点A 自由貿易協定のメリット

(1) 自由貿易協定のメリットについて，次の①〜④にあてはまる語句を書こう。

企業の立場	消費者の立場
対象国や地域への①＿＿＿＿が容易になる ↓ 企業活動が②＿＿＿＿になる	安い輸入品が流通する ↓ ③＿＿＿＿が起こる 国内の④＿＿＿＿につながる

p.111 クイズの答え　③

(2) 教科書p.168図5を見て，EPA締結の効果をまとめよう。

3 考える視点B 自由貿易協定のデメリット

(1) 教科書p.169図7を見て，日欧EPAの締結により，どのような影響が出るかまとめよう。 ヒント 全国と北海道での１戸あたりの飼育頭数を比較しよう。

(2) 自由貿易の推進が国家間の格差の拡大につながる理由を，教科書p.169図8から読み取れることをもとに，空欄を埋めながらまとめよう。

・一次産品に依存する① ______ 経済から抜け出せない国が多い。
・② ______ が低い国も多い。

▼

経済状態が③ ______ に左右されやすく，経済状態が不安定になる。

▼

国家間格差拡大の理由

ヒント ①経済で経済基盤が安定しない国と，さまざまな輸出品があって経済基盤が安定している国との間で貿易をおこなうと，どのようなことが起こるだろうか。

4 私の考えをまとめる 日本のこれからの貿易政策はどうあるべきか？

見方・考え方 日本のこれからの貿易政策はどうあるべきか，選択・判断の手がかりとなる二つの考え方を活用して考えよう。

メ モ

発展途上国の多くは，天然ゴム，コーヒー，鉄鉱石などの一次産品の生産に特化していた。これらは，植民地支配下で強制されてきたもので，独立後の現在もその影響を受けている。

▶1～4の学習をふまえ，改めてタイトルにあげた問いについて，自分の考えをまとめよう。

Qクイズ 2022年に発効した，ASEANや日本，中国，韓国などの15か国による協定は何でしょう？ ①TPP ②RCEP ③APEC

57 国際社会における貧困や格差

1 南北問題

(1) ❶＿＿＿＿問題……北半球に多い❷＿＿＿＿と，その南に位置する❸＿＿＿＿との経済格差から生じるさまざまな問題

・❹＿＿＿＿経済……特定の農産物や鉱産物などの❺＿＿＿＿に依存──→経済状態が不安定になりやすい

・❻＿＿＿＿層……１日2.15ドル未満で生活している層

(2) 格差是正への取り組み

①❼＿＿＿＿（国連貿易開発会議）を中心とする援助

②❽＿＿＿＿

……自国の資源をみずからの手で管理していくという考え方

・❾＿＿＿＿（新国際経済秩序）樹立宣言採択（1974年）

・❿＿＿＿＿（石油輸出国機構）などの国際的な資源管理

2 新興国の台頭と南南問題

(1) 新興国の台頭……豊富な資源や労働力で経済発展。BRICSなど

(2) ⓫＿＿＿＿問題……発展途上国間における経済格差

・⓬＿＿＿＿途上国（LDC）……経済だけでなく，保健衛生面や教育面でも問題をかかえる。他国や国際機関などに対する⓭＿＿＿＿を積み重ね，返済が難しくなっている国も

3 日本の発展途上国への支援

(1) ⓮＿＿＿＿（政府開発援助）……国家などによる公的な支援。

⓯＿＿＿＿（経済協力開発機構）の下部機関である⓰＿＿＿＿（開発援助委員会）が管轄

①国際機関を通じておこなう支援

②二国間援助

・⓱＿＿＿＿……返済義務を課さない

・有償資金協力……低金利で貸しつけをおこなう

(2) 日本の支援活動

・⓲＿＿＿＿（国際協力機構）

……日本の⓮の実施機関。海外ボランティアも派遣

・⓳＿＿＿＿大綱……発展途上国への支援の基本方針として，日本の国益と人類共通の利益を両立するという考え方が示される

・民間による支援

……⓴＿＿＿＿（非政府組織），㉑＿＿＿＿（非営利組織）など

経済規模であらわした世界地図と実際の世界地図をくらべると，何がわかるだろうか。

メモ

⓭について，累積債務問題は，1982年以降，メキシコで表面化した。これに対して，債務国はIMFからの融資などで対応してきた。

p.113 クイズの答え　②

チャレンジしよう

1　国際社会における貧困や格差について，地図から考えよう。

教科書p.170図1から，経済規模であらわした世界地図にはどのような特徴があるか，考えよう。

ヒント　教科書折込や後見返しの世界地図とくらべてみよう。

2　南北問題について，グラフをつくって考えよう。

(1)　下の表をもとに，各国のデータをグラフに書きこもう。

	日本	アメリカ	インド	エチオピア
人口増加率(%)　〔2010～20年平均〕	−0.2	0.7	1.1	2.8
平均寿命(年)　〔2019年〕	84.3	78.5	70.8	68.7
1人あたりGNI(万ドル)　〔2021年〕	4.12	7.01	0.22	0.08
1人1日あたり熱量供給量(kcal)　〔2020年〕	2,679	3,926	2,599	2,407
医師数(人／人口1万人)　〔2020年〕	26.1	35.6	7.4	1.1
輸出額(億ドル)　〔2022年〕	7,469	20,648	4,535	39

(『世界国勢図会』2023/24年版ほか)

人口増加率(%)　0　1　2　3
平均寿命(年)　20　40　60　80　100
1人あたりGNI(万ドル)　2　4　6
1人1日あたり熱量供給量(kcal)　1,000　2,000　3,000　4,000
医師数(人／人口1万人)　10　20　30　40
輸出額(億ドル)　10,000　20,000

(2)　(1)でグラフを作成したことからわかる，発展途上国の特徴をまとめよう。

3　ODAについて，グラフを使って考えよう。

(1)　日本の1990年代のODAの額は何位だろうか。

(　　　)位

(2)　日本の2022年のODAの額は何位だろうか。

(　　　)位

(3)　日本のODAの額が下がっている理由を考えよう。

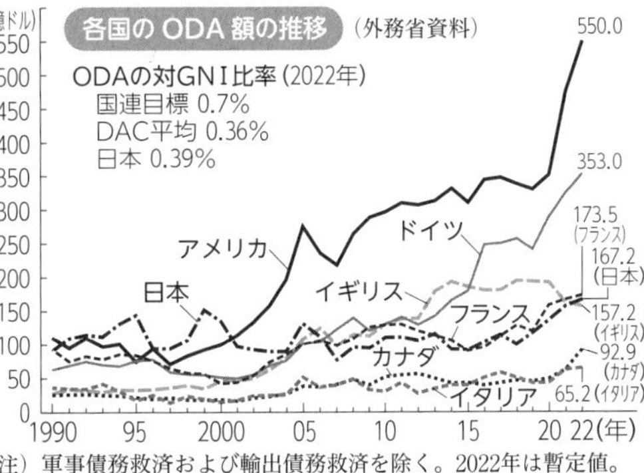

(注) 軍事債務救済および輸出債務救済を除く。2022年は暫定値。

Check!

①発展途上国に見られる，一次産品の生産に依存した経済形態。………(　　　)

②自国に存在する資源を自国で管理・開発しようという考え方。………(　　　)

③1964年に設立され，発展途上国支援の中心となっている機関。………(　　　)

④ODAを管轄するOECDの下部機関。………………………………(　　　)

⑤日本の発展途上国支援の基本方針を示したもの。…………………(　　　)

Qクイズ　ODA拠出額世界第一位の国はどこでしょう？　①日本　②アメリカ　③イギリス

58 地球環境問題

自分が関心をもっている地球環境問題をあげよう。

メモ
❻からの❿の離脱は，G.W. ブッシュ大統領が表明した。

メモ
⓭層破壊の原因物質はフロンガスであり，1987年のモントリオール議定書で規制された。

1　地球温暖化と国際的な取り組み

(1) ❶＿＿＿＿**化**……地球の気温が上昇すること

原因：石油や石炭などの❷＿＿＿＿の大量消費

⟶大気中の❸＿＿＿＿濃度が上昇

⟶地表から発散する熱が逃げにくくなる❹＿＿＿＿が起こる

⟶異常気象や海面上昇が発生

(2) 地球温暖化の防止に向けた取り組み

①❺＿＿＿＿**枠組み条約**（1992年採択）

……地球温暖化防止に向けた国際的な取り組みが本格化するきっかけ

②❻＿＿＿＿……❺枠組み条約の第３回締約国会議（COP3，**地球温暖化防止京都会議**）で採択（1997年）

・❹ガス排出量の具体的な削減目標をまとめる

⟶削減義務は，❼＿＿＿＿国のみが負う

新興国を含む❽＿＿＿＿国は免除

・❾＿＿＿＿取引の制度を導入

↓　新興国の経済発展，❿＿＿＿＿の離脱

③⓫＿＿＿＿**協定**……❻に代わる新たな枠組み。COP21で採択（2015年）

・❽国を含むすべての国が自主的に削減目標をつくり，達成に向けて取り組むことを義務づける

2　私たちの地球を守るために

(1) **地球環境問題**……地球温暖化，⓬＿＿＿＿雨，⓭＿＿＿＿層の破壊，森林破壊，野生生物種の減少，⓮＿＿＿＿化，海洋汚染など

⟶国境をこえた環境問題は複雑に絡みあい，解決が困難

(2) 地球環境問題への対応

①⓯＿＿＿＿（**国連環境計画**）

……地球環境問題に対応するための中核機関

・1972年にストックホルムで開催された⓰＿＿＿＿**会議**の決議によって設立

・⓰会議……「⓱＿＿＿＿地球」をスローガンに，⓲＿＿＿＿宣言を採択

②❺枠組み条約……現在の地球温暖化問題に対する国際的な話しあいの場。1992年にリオデジャネイロで開催された⓳＿＿＿＿**会議**（**地球サミット**）で採択

p.115 クイズの答え　②

チャレンジしよう

1 Think & Try パリ協定採択の裏には，各国のどのような考えがあったのだろうか。

(1) 右図を見て，次の①～④の空欄にあてはまる語句を書きこもう。

・温室効果ガス総排出量が多い国は，先進国だけでなく，①＿＿＿＿＿や②＿＿＿＿＿などの新興国にも見られる。

・最も温室効果ガス総排出量の多い国は①であるが，１人あたり二酸化炭素排出量でみると，③＿＿＿＿＿の５割程度である。

・日本は総排出量で見ると世界で④＿＿＿＿＿番目の多さである。

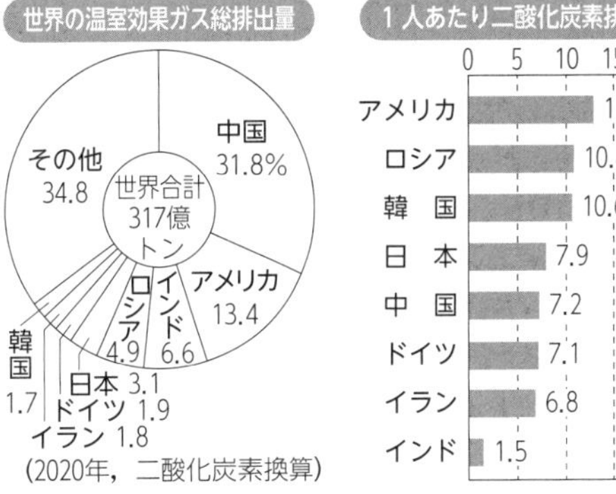

(環境省資料)

(2) 見方・考え方 教科書p.173図3や次の考えも参考にしながら，京都議定書やパリ協定の意義を考えよう。また，この考えをいかして，合理的な解決策を考えよう。

地球温暖化防止は，二酸化炭素などの温室効果ガスを排出しているすべての国が協力しておこなわなければ効果があがらない。先進国だけでなく，発展途上国もともに温暖化防止に向けて努力すべきだ。 ➡将来世代のために，安心して暮らせる社会をつくりたい	地球温暖化の責任の大半は，経済を発展させ，化石燃料を大量に消費してきた先進国にある。経済発展をめざしている発展途上国が，温暖化防止に向けての努力を押しつけられるのは納得がいかない。 ➡発展途上国も経済を発展させ，豊かな生活を送りたい

京都議定書の意義
パリ協定の意義
合理的な解決策

2 地球温暖化防止のために自分ができることを書き出してみよう。

✓ Check!

①世界で温室効果ガス総排出量が最も多い国はどこか。……………………（　　　）

②2015年のCOP21で採択された地球温暖化防止に向けた協定。 ………（　　　）

③地球環境問題の解決に向けて取り組みを進める国連の機関。…………（　　　）

④1972年に開かれ，環境問題が初めて国際的に検討された会議。………（　　　）

⑤1992年にリオデジャネイロで開かれた環境問題の国際会議。…………（　　　）

Qクイズ パリ協定への復帰を表明したアメリカの大統領は誰でしょう？　①バイデン　②オバマ　③トランプ

59 資源・エネルギー問題

リデュース，リユース，リサイクルで，自分が意識して実践していることを書こう。

メモ

❻ガスは，日本語で頁岩とよばれる地下の深い岩盤の層に存在する天然ガス。

メモ

スマートフォンやパソコンには多くのレアメタルが使用されており，その回収が推進されている。このことから，都市鉱山とよばれることがある。

1 限りある資源とエネルギー利用の変化

(1) ❶＿＿＿＿資源
……石炭・石油・天然ガスなどの，動力や熱源として利用できる資源
・新たな炭田・油田の開発，採掘技術の進歩──→確認埋蔵量は増加
・採掘可能な❷＿＿＿＿に限りがある❸＿＿＿＿資源

(2) ❹＿＿＿＿……20世紀にエネルギーの中心が石炭から❺＿＿＿＿に移行し，社会全般に大きな変化をもたらす
──→2000年代後半，アメリカで❻＿＿＿＿ガス・❻オイルの開発が急速に発展

2 原子力発電とその課題

(1) ❼＿＿＿＿発電……放射性物質であるウランが核分裂の際に放出するエネルギーを利用した発電方法
・石炭や石油などの❽＿＿＿＿にくらべて莫大なエネルギーを生む
・❾＿＿＿＿を発生させない──→地球温暖化対策に効果的
・❿＿＿＿＿では総発電電力量の約７割を占める

(2) 課題
・事故により，大量の放射線を発生させる恐れがある
・放射性物質を含んだ⓫＿＿＿＿の処理方法が確立せず

3 期待される新エネルギー

(1) ⓬＿＿＿＿……⓭＿＿＿＿・太陽熱・⓮＿＿＿＿・地熱・燃料電池・バイオマスエネルギーなど
・再生可能で❾をほとんど排出しない──→環境への負荷が小さい
・ハイブリッドカー，電気自動車，水素と酸素を化学反応させて電気を起こす⓯＿＿＿＿車の開発・生産にも利用

(2) ⓰＿＿＿＿（情報通信技術）の活用
・⓱＿＿＿＿……⓰を活用し，電力の需要と供給をつねに最適化できる送電網
・⓲＿＿＿＿……AIの導入や効率的なエネルギー使用によって持続可能な社会の実現をめざす都市

4 循環型社会の実現のために

⓳＿＿＿＿社会……廃棄物を減らし，資源を循環利用する社会
──→３Ｒ（⓴＿＿＿＿＝発生量の抑制，㉑＿＿＿＿＝再利用，㉒＿＿＿＿＝原材料として再利用）⓴を最優先

p.117 クイズの答え　①

チャレンジしよう

1 可採年数の変化について，グラフから考えよう。

？石油を使い続けているのに，なぜ可採年数は増加傾向にあるのだろうか。自分の考えを書こう。

→図１　石油の可採年数（『世界国勢図会』2022/23年版ほか）

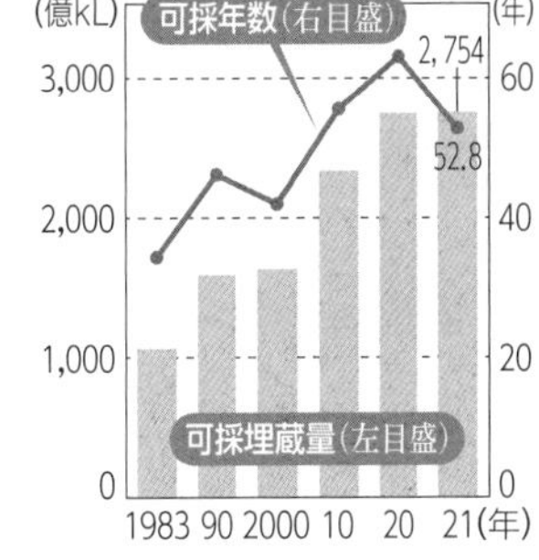

2 各国の電源別発電電力量について，グラフから考えよう。

(1)　図２のＡ～Ｄに入る国名を記入しよう。

Ａ（　　　　　　）　Ｂ（　　　　　　）

Ｃ（　　　　　　）　Ｄ（　　　　　　）

(2)　図２から読み取れることについて，①～⑥の空欄に書きこもう。

・石炭・石油・天然ガスなどの①＿＿＿＿の割合が高い国が多いが，①の使用時には②＿＿＿＿を発生する。

・発電電力量の多い国は先進国だけでなく，③＿＿＿＿や④＿＿＿＿などの新興国もあげられる。

・原子力発電について，日本は⑤＿＿＿＿の事故を受けてその割合を見直す動きがあるが，⑥＿＿＿＿のように約７割を占める国もある。

(2022年)　凡例：化石燃料／水力／原子力／再生可能エネルギー／その他　(%)

国	構成比の数値（左から，%）	(億kWh)
中国	化石燃料 64.4, 15.4, 14.7, 4.7	88,487
（Ａ）	60.4, 15.8, 5.7, 17.9	45,477
（Ｂ）	76.9, 11.1, 9.4, 2.5	18,580
ロシア	62.8, 0.6, 16.9, 19.2	11,669
（Ｃ）	64.8, 14.7, 7.2, 5.0	10,336
ブラジル	10.1, 24.3, 63.1, 2.1	6,772
（Ｄ）	11.2, 14.5, 9.5, 63.0	4,677

↑図２　各国の電源別発電電力量の構成比（『世界国勢図会』2023/24年版ほか）

(3)　全発電量のうち，新エネルギーの割合は各国とも高くないが，その理由として考えられることをあげよう。

3 循環型社会の実現のために自分ができることを書き出してみよう。

✓ Check!

①石炭・石油・天然ガスなどの動力や熱源として利用できる資源。……（　　　　）

②20世紀に，エネルギーの中心が石炭から石油に変化したこと。………（　　　　）

③原子力発電によって発生する放射性物質を含んだごみ。………………（　　　　）

④ICTを利用して，電力需給を最適化するしくみ。………………………（　　　　）

⑤廃棄物をできるだけ減らし，資源を循環利用していく社会。…………（　　　　）

Qクイズ　１リットルの牛乳パック30個から，トイレットペーパーは約何個できるでしょう？　①１個　②５個　③10個

国際社会のこれから

日本は人口減少社会となっているが，世界全体で見ると人口は増えている。その理由を考えよう。

1　人口問題の国際的取り組み

(1) ❶ ……急速な人口の増加

・おもにアジア・アフリカの❷ 国で発生

……高い❸ ＋医療や衛生状況の改善による死亡率の低下

・世界の人口は2022年時点で80億人。今後も増加が予想される

(2) 国際社会の対応

・❹ （**国連人口基金**）……適切な出産数・時期を示した家族計画を奨励するなどして，❶の抑制をめざす

・国連人口開発会議（1994年）……❺ の社会的地位の向上が重要

⟶❻

（性と生殖に関する健康と権利）の実現……❺が子どもをもつか，何人産むか，いつ産むかを決める自由をもつこと

2　食料問題の国際的取り組み

(1) 発展途上国における食料不足

・急激な❼ 増加，政治的混乱，内戦⟶食料不足や飢餓が深刻化

・❽ 率が低い……輸出向けの商品作物が優先的に栽培され，穀物などの食料作物生産への取り組みが進んでいない

(2) 国際社会の対応

・❾ （**国連食糧農業機関**）設立（1945年）

・❿ の開催（1996年）

⟶世界の食料安全保障の達成に向けた議論がなされている

・⓫ （国連世界食糧計画）……学校給食の提供など，国ごとの状況にあわせた食料支援をおこなう。ノーベル平和賞受賞（2020年）

3　国際社会のこれから

(1) グラミン銀行の⓬

普通の銀行で金を借りることができない貧しい人々に少額の金を貸し出し，自立のための後押しをする金融サービス。ノーベル平和賞受賞（2006年）

(2) ⓭

発展途上国の生産物を⓮ な価格で取り引きすることで，搾取されがちな生産者の⓯ や生活改善をはかる

(3) ⓰ （**持続可能な開発目標**）

経済・社会・環境に関する課題について，国際社会が取り組むべき目標を示したもの。前身は**ミレニアム開発目標**（⓱ ）

メ　モ

⓭では，生産者から直接⓮な価格で購入し，先進国の市場で販売するしくみをとっている。⓭商品には，コーヒーやチョコレートなどがある。

p.119 クイズの答え　②

チャレンジしよう

1 貧困と人口増加のかかわりについて，図から考えよう。

(1) 図1から，合計特殊出生率が高い国の特徴をまとめよう。

(2) 図2から，栄養不足人口の割合が5％以上を占める国にはどのような特徴があるか，まとめよう。

①ニジェール	6.74
②ソマリア	5.89
③コンゴ民主共和国	5.72
④マリ	5.69
⑤チャド	5.55
⑥アンゴラ	5.37
⑦ナイジェリア	5.25
⑧ブルンジ	5.24
⑫⑧フランス	1.83
⑭⑥アメリカ	1.64
⑱⑤日本	1.34

※丸数字は順位。

↑図1　各国の合計特殊出生率(2020年)(世界銀行資料)

(3) (1)，(2)であげた国・地域に共通して見られる特徴について，①～⑤の空欄に書きこもう。

ヒント 教科書 p.176図2「年平均人口増加率」も確認しよう。

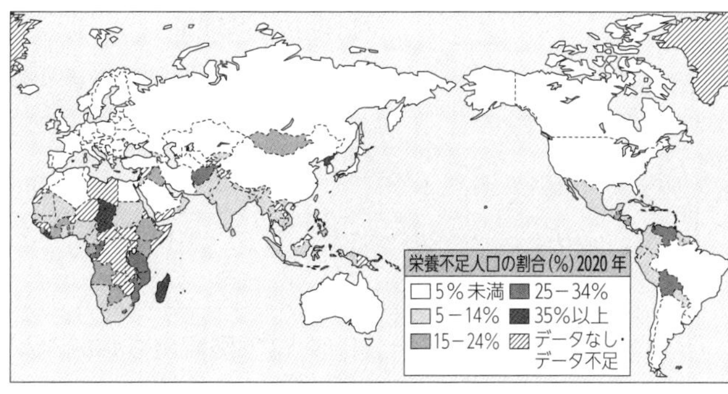

↑図2　ハンガーマップ(WFP資料)

・①＿＿＿＿が急に増えている。
・政治的混乱や②＿＿＿＿などによって食料供給が不安定になり，③＿＿＿＿が深刻化している。
・植民地時代に始まった輸出向けの④＿＿＿＿の栽培が優先され，農業が経済の中心となっているのに，⑤＿＿＿＿が低くなっているケースが少なくない。

(4) 人口問題や食料問題に対して，どのような国際的な取り組みがおこなわれているか，調べよう。

2 多文化共生社会について考えよう。

見方・考え方 多様性をもつ社会において，私たちはどのような意識をもつべきか確認しよう。

ヒント 多様な価値観や考えをもつ人々とのかかわりについて，教科書p.14～15，32～33などもふり返ろう。

☑ Check!

①人口の加速度的な増加。…………（　　　）
②人口問題に対して支援をおこなう国連の機関。…………（　　　）
③食料問題に対処するため，1945年に設立された国連の機関。…………（　　　）
④マイクロクレジットの起源となったバングラデシュの銀行。…………（　　　）
⑤発展途上国の製品を適正な価格で継続的に購入する活動。…………（　　　）

Qクイズ 日本よりも合計特殊出生率が低い国はどこでしょう？　①アメリカ　②フランス　③韓国

私たちから未来へ

国際社会における貧困や格差に日本はどう向きあうべきか

▶タイトルにあげた問いについて，自分の考えを書いておこう。

1 課題の把握　国際社会が取り組むべき課題

(1)　教科書p.178図1から，1993年と2021年を比較した場合，次の各点はどのような変化が読み取れるかまとめよう。

人口	
GNI	

(2)　教科書p.178図3からわかるように，世界では深刻な飢餓が発生する一方で，日本では教科書p.178図2のように食品の廃棄が起こる理由を考えよう。

2 考える視点A　日本がおこなってきた支援

(1)　日本がおこなってきた支援について，①〜⑤の空欄に書きこもう。

・日本や世界は①＿＿＿＿（政府開発援助）を通じて発展途上国の支援をおこなっている。
　──→日本は金銭面の支援だけでなく，②＿＿＿＿や③＿＿＿＿などによる現地での支援をおこなっている。

・④＿＿＿＿をはじめとする，国際機関を通じた支援も実施している。アフリカに対しては，⑤＿＿＿＿（アフリカ開発会議）を開催している。

(2)　教科書p.178図4のように，金銭面の支援ではなく，技術供与による支援が優れている点はどのような点かをまとめよう。

ヒント　金銭支援と技術供与をそれぞれおこなった場合の「その後」を比較してみよう。

p.121 クイズの答え　③

❸ 考える視点B 日本の支援にひそむ問題点

(1) 日本の支援にひそむ問題点について，①～⑥の空欄に書きこもう。

・① ＿＿＿＿＿＿ や② ＿＿＿＿＿＿ への拠出が少ない。

⟶③ ＿＿＿＿＿＿ が低いことが指摘されている。

・援助が道路や橋，鉄道などの④ ＿＿＿＿＿＿ 整備に偏っている。

・⑤ ＿＿＿＿＿＿ でODAの⑥ ＿＿＿＿＿＿ 重視が盛りこまれた。

⟶⑥を重視しすぎると，本来の支援のあり方からかけ離れる懸念も。

(2) 教科書p.179図❻から，日本のODAの条件をDAC平均と比較した際の特徴をまとめよう。

(3) 教科書p.179図❼から，日本のODAの分野別配分をほかの国々と比較した際の特徴をまとめよう。

ヒント 日本の分野別配分の特徴を，その背景も含めて考えてみよう。

メモ

日本のODAを地域別で見ると，近隣国であるアジア諸国への割合が高いが，以前よりもその割合は減り，現在は中東やアフリカへの援助の割合も増えている。

❹ 私の考えをまとめる 発展途上国への支援のあり方は？

(1) 教科書p.179図❾から各国のアフリカへの直接投資の状況をまとめ，なぜアフリカへの直接投資が進んでいるのかを考えよう。

(2) 見方・考え方 発展途上国への支援について，教科書p.179であげた考えも参考にしながら，日本や私たちにできる支援のあり方を考えよう。

▶❶～❹の学習をふまえ，改めてタイトルにあげた問いについて，自分の考えをまとめよう。

Qクイズ ODAを推進する国際機関はどこでしょう？ ①DAC ②IMF ③UNHCR

62 演習問題④

1　次の文章を読んで，下の問いに答えよ。　▶教科書p.110～157

私たちの欲望は無限であるが，資源は有限である。完全に人間の欲望を満たすことができない状況を資源の（　1　）という。したがって限りあるものを有効活用するためには，効率的かつ合理的な判断が必要とされる。あることを選択すると，別のことを断念しなければならない状況を（　2　）というが，すべての希望を満たすことができない以上，つねに人間は選択を迫られる。たとえば，①企業の利潤をどう分配するのか。②非正規労働者を増やすなどして，できるだけ労働者への分配率を低く抑えて，（　3　）への配当金を多くする場合もあるし，正規労働者を高い賃金で雇用することで，優れた人材の確保をおこなって事業の発展をめざす場合もある。一般的に，使用者よりも労働者の方が弱い立場にあるため，③労働三権や労働三法などの労働法規で雇用者の権利は保護されている。日本では，高度経済成長期を通じて，労使協調体制が生まれ，年功序列型賃金体系や（　4　）雇用制，企業別組合などの日本型雇用慣行が成立していった。しかし，（　5　）経済の崩壊によって，その形態にも陰りが見え始め，成果主義や非正規雇用の増加などが見られるようになった。近年は，④少子高齢化が進展するなか，ワーク・ライフ・バランスの重要性が認識され，（　6　）改革関連法などの法整備も実現した。

現在，日本では，⑤租税収入だけでは歳出をまかなうことができず，慢性的な歳入不足により，大量の国債を発行し続けている。特に近年は，財政法で発行が容認されている（　7　）国債だけではなく，赤字国債の割合の方が高くなっており，プライマリー・バランスは大きく崩れている。

問1　文中の空欄（1）～（7）に適する語句をア～ケより選び，記号で答えよ。　知・技

ア．バブル　イ．希少性　ウ．終身　エ．トレードオフ　オ．働き方
カ．株主　キ．建設　ク．地方　ケ．期間

問2　下線部①について，企業が利潤を追求するだけではなく，そのあり方を通じて社会に対する配慮や責任を負っているという考え方をあらわすことばを，アルファベット3文字で答えよ。　知・技

問3　下線部②について，20字程度で説明せよ。　思・判・表

問4　下線部③の権利のうち，警察官や自衛官に保障されていないものをすべて答えよ。　知・技

問5　下線部④について，一人の女性が生涯に出産する子どもの数の平均をあらわす数字のことを何というか。漢字7文字で答えよ。　知・技

問6　下線部⑤について，納税者と税負担者が異なる税で，かつ国税にあたるものを次のア～オから一つ選び，記号で答えよ。　知・技

ア．住民税　イ．自動車税　ウ．酒税　エ．所得税　オ．法人税

問1	1		2		3		4		5		6		7	
問2			問3											
問4														
問5								問6						

　p.123 クイズの答え　①

2 経済の考え方や経済学者について，次の①～⑥の説明文が正しければ○，誤っていれば×を記入せよ。 思・判・表

▶教科書 p.110～157

①アダム＝スミスは政府が民間の経済活動にできるだけ介入しないことを理想とし，自由な経済活動によって「見えざる手」に導かれて，社会が調和的に発展すると考えた。

②ケインズは，社会主義経済を樹立することで，資本主義経済における失業や恐慌などの社会問題を解決しようとした。

③新自由主義の考え方は，政府が積極的に経済活動に介入し，有効需要をつくり出すべきであるとの主張で，フリードマンらによって提唱された。

④市場の失敗の例の一つに，外部経済があり，公害は典型的な外部経済の例である。

⑤物価の継続的な上昇のことをスタグフレーションという。

⑥中小企業と大企業の格差のことを，経済の二重構造という。

①		②		③		④		⑤		⑥	

3 次の文章を読んで，下の問いに答えよ。

▶教科書 p.144～147，158～179

①日本銀行は日本の（　1　）であり，②EU（欧州連合）におけるECBやアメリカのFRB（連邦準備制度理事会）が相当する。世界恐慌の後，世界のほとんどの国では通貨の発行量を（　1　）が自由に決定できる（　2　）制度を採用している。日本銀行の金融政策は，公開市場操作を中心に，預金準備率操作などがある。金融機関では，③信用創造によって実際に保有する現金よりも多くの資金を貸し出すことが可能となる。経済活動は貨幣を仲立ちとしておこなわれているため，通貨は人間のなかで循環する血液のようなはたらきをしている。

世界では，古くから輸入によって自国にない商品を入手したり，自国の有力な商品を海外に輸出する④貿易により，世界の資源を有効活用してきた。通常，外国との取り引きには現金は用いず，外国為替手形によって決済される。その際の⑤自国通貨と外国通貨の交換比率が（　3　）であり，需要と供給の関係で変動する。自国通貨の安定をはかるため，（　1　）が為替介入をおこなう場合もある。

問1　文中の空欄（1）～（3）に適する語句を答えよ。 知・技

問2　下線部①について，日本銀行のおもな機能を三つ答えよ。 知・技

問3　下線部②に関連して，EUが導入している共通通貨の名称と導入国数を答えよ。 知・技

問4　下線部③について，当初預金100万円，預金準備率20％の時，新たに生み出された預金総額を答えよ。 思・判・表

問5　下線部④について，リカードが主張した自由貿易の理論は何か，答えよ。 知・技

問6　下線部⑤に関連して，次のAとBに適する語句を答えよ。 思・判・表

1ドル＝100円から1ドル103円になることを（　A　）安（　B　）高という。

問1	1		2		3	
問2						
問3		か国	問4			
問5			問6	A	B	

ケーススタディ

排出権取引を考える～地球環境問題

① 課題の設定

温室効果ガス排出量抑制を実現する，排出権取引のしくみはどのようにあるべきだろうか。

▶課題について，自分の考えを書いておこう。

② 情報の収集と読み取り・分析

(1) 地球温暖化への国際的な取り組みについて，①～④にあてはまる語句を書きこもう。

①＿＿＿＿条約……地球温暖化対策を国際的に話しあう場

②＿＿＿＿協定……①条約の第21回締約国会議(COP21)で採択

・②協定の目標……産業革命時から21世紀末までの気温上昇を，できれば③＿＿＿℃に抑える

・④＿＿＿＿(気候変動に関する政府間パネル)の報告(2018年)

……②協定の目標が達成されても，海水面上昇は最大77cmに到達

(2) 排出権取引について，①～④にあてはまる語句を書きこもう。

・①＿＿＿＿条約の第３回締約国会議(COP3)で採択された②＿＿＿＿議定書

──→②メカニズムの採用──→**排出権取引**のしくみを導入

・各国(各企業)に③＿＿＿＿の許容排出量を設定

・許容排出量自体を④＿＿＿＿できるしくみを設定

(3) 次のような状況の時，排出権取引でどのようなことがおこなわれるか，表の①～③にあてはまる語句などを書きこもう。

A国：決められた排出枠に実際の排出量が達していない。
B国：決められた排出枠よりも実際の排出量の方が上回っている。

	A国	B国
排出枠	100	50
実際の排出量	80	70
排出量の状況	①＿＿＿あまっている	②＿＿＿オーバーしている
排出権取引	［　　　］→ / 排出枠購入費 ←	排出権(20) / ［　　　］
取り引きの結果	③＿＿＿＿	

▶収集した情報について，書きこんでおこう。

(4) (3)のような状況の時，A国・B国にどのようなメリット・デメリットがあるか，考えよう。

	メリット	デメリット
A国		
B国		

③ 課題の探究　見方・考え方　選択・判断の手がかりとなる考え方を使って考察・構想しよう。

②で学習した内容や収集した情報もふまえ，考察・構想しよう。

結果　行為の結果である個人や社会全体の幸福を重視する考え方	義務　行為の動機となる公正などの義務を重視する考え方

④ 自分の考えの説明・論述

③で考察・構想した内容をもとに，自分の考えをまとめよう。

ふり返り

学習を深めようで調べたこと・考えたことをまとめよう。

▶①～④とふり返りの学習をふまえ，改めて課題について，自分の考えをまとめよう。

Qクイズ　温室効果ガスにあてはまるものはどれでしょう？　①二酸化炭素　②酸素　③メタン

64 ケーススタディ ベストミックスを考える～資源・エネルギー問題

① 課題の設定　日本のこれからのエネルギーは，どうあるべきだろうか。

▶課題について，自分の考えを書いておこう。

② 情報の収集と読み取り・分析

(1) 教科書p.186図❶から読み取れる日本のエネルギー事情について，①～⑧にあてはまる語句などを書きこもう。

・日本のエネルギー自給率は，1960年には58％であったが，
①＿＿＿＿＿＿＿＿。

・日本の電源別発電電力量は，②＿＿＿＿の割合が最も高く，③＿＿＿＿の割合が最も低い。

・原油は政治的に不安定な④＿＿＿＿地域から多くを輸入している。

・電源別二酸化炭素排出量は，次のような特徴がある。

多い ←→ 少ない

⑤＿＿＿＿火力　石油火力　液化天然ガス　太陽光　風力　⑥＿＿＿＿

⟶⑤や石油などの⑦＿＿＿＿の消費は，⑧＿＿＿＿の原因である二酸化炭素を大量に発生させる。

(2) 新エネルギーの特徴について，表の①～⑦にあてはまる語句を書きこもう。

評価できる点	評価できない点
・発電の際に発生する①＿＿＿＿が少ない。 ・発電までの費用は，技術革新などによって徐々に②＿＿＿＿なっている。 ・発電に必要な燃料を③＿＿＿＿する(他国に頼る)必要がない。	・④＿＿＿＿によって発電量が大きく変動するなど，電力供給が不安定。 ・発電施設を建設するために⑤＿＿＿＿が必要となる。 新エネルギーの発電に必要な面積 太陽光：原子力発電の約⑥＿＿＿＿倍 風力：原子力発電の約⑦＿＿＿＿倍

ヒント　⑥，⑦は教科書p.186図❷から計算して考えよう。

▶収集した情報について，書きこんでおこう。

　p.127 クイズの答え　①，③

3 課題の探究　見方・考え方　選択・判断の手がかりとなる考え方を使って考察・構想しよう。

②で学習した内容や収集した情報もふまえ，考察・構想しよう。

結果　行為の結果である個人や社会全体の幸福を重視する考え方	義務　行為の動機となる公正などの義務を重視する考え方

4 自分の考えの説明・論述

③で考察・構想した内容をもとに，自分の考えをまとめよう。また，自分の考えるエネルギーのベストミックスについて，円グラフで示そう。

→図　私が考えるエネルギーのベストミックス

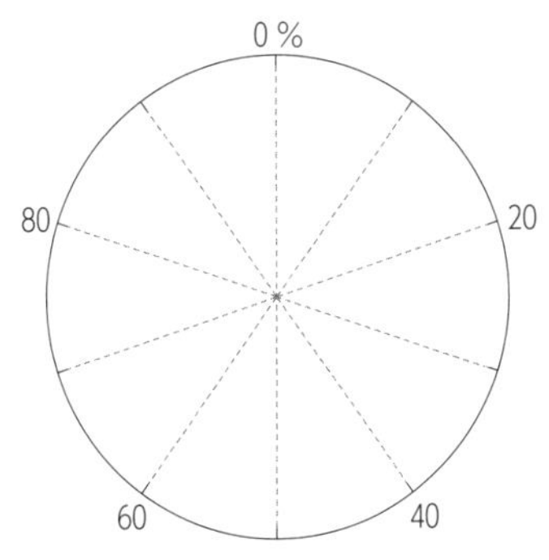

ふり返り

(1) エネルギー構成のベストミックスを考える時に，重視しなければいけない要素をまとめよう。

① ……大事故を起こさない

② ……つねに需要に応じた供給が安定的になされる

③ ……発電コストなどが安い

④ ……地球温暖化につながる二酸化炭素を排出しない

(2) 学習を深めようで調べたこと・考えたことをまとめよう。

▶①～④とふり返りの学習をふまえ，改めて課題について，自分の考えをまとめよう。

Qクイズ　日本の石油輸入の中東依存度は，約何％でしょう？　①40　②60　③90

65 ケーススタディ ゲノム編集を考える～生命倫理

1 課題の設定

ゲノム編集はどのようなことに使われているのだろうか。また，どのような課題があるのだろうか。

▶課題について，自分の考えを書いておこう。

2 情報の収集と読み取り・分析

(1) 教科書p.188図12を見て，**ゲノム編集**について次の①～③の下線部が正しければ○，誤っていれば×を書こう。×の場合は正しい内容を書こう。

①ゲノム編集したマダイは通常のマダイと体重は同じだが，筋肉量は1.2倍ある。　(　　　　)

②従来の品種改良ではどこでDNAの変異が起こるかわからないが，その点で遺伝子組換えも共通している。　(　　　　)

③ゲノム編集食品のうち，遺伝子を切り取って壊す方法の場合は，安全性審査を受けなければ店頭で販売することはできない。　(　　　　)

(2) 教科書p.188図1で取り上げたマダイのほか，ゲノム編集の応用例にはどのようなものがあるだろうか。教科書や調べたことから書き出そう。

(3) ゲノム編集が人間に応用された場合に，どのようなことが想定されているだろうか。教科書や調べたことから書き出そう。

▶収集した情報について，書きこんでおこう。

　p.129 クイズの答え　③

③ 課題の探究　見方・考え方　選択・判断の手がかりとなる考え方を使って考察・構想しよう。

②で学習した内容や収集した情報もふまえ，考察・構想しよう。

結果　行為の結果である個人や社会全体の幸福を重視する考え方	義務　行為の動機となる公正などの義務を重視する考え方

④ 自分の考えの説明・論述

③で考察・構想した内容をもとに，自分の考えをまとめよう。

ふり返り

(1)　ゲノム編集の活用や規制について，分野ごとに考えをまとめよう。

食品	
医療	
受精卵	

(2)　学習を深めようで調べたこと・考えたことをまとめよう。

▶①～④とふり返りの学習をふまえ，改めて課題について，自分の考えをまとめよう。

Qクイズ　ゲノム編集を応用した食品について管理している日本の官庁はどこでしょう？　①国土交通省　②農林水産省　③文部科学省

66 ケーススタディ インターネットによる投票を考える〜情報

1 課題の設定 ICTを活用し，人々の投票行動を変えることは可能だろうか。

▶課題について，自分の考えを書いておこう。

2 情報の収集と読み取り・分析

(1) 教科書p.190図1から，投票所の推移について特徴を読み取り，その背景や影響を考えよう。

特徴	
背景	
影響	

(2) インターネットによる投票が普及することの利点として，次の①〜③の下線部が正しければ○，誤っていれば×を書こう。×の場合は正しい内容を書こう。

①地方公共団体における投票所や開票所の設営，期日前投票の運営コスト，選挙管理にかかわる人材などの削減効果がある。 （ ）

②有権者にとっては，投票環境が悪化する。 （ ）

③今後高齢化や地方の過疎化が進み，投票所に足を運んで投票することが難しい人が増えていくことが予想され，そのような課題の解決にもつながる。 （ ）

(3) インターネットによる投票の課題について，①〜⑤にあてはまる語句を書きこもう。

ア．１億人をこえる有権者のデータを管理したうえで，システムを① に運用できるのか。

イ．投票の② を確保し，③ を守れるのか。

ウ．誰かに④ されず，⑤ に投票ができるのか。

(4) (3)ウであげた課題について，エストニアではどのような方法がとられているか，教科書から書き出そう。

▶収集した情報について，書きこんでおこう。

 p.131 クイズの答え ②

(5) エストニアのインターネット投票について，要点をまとめよう。

3 課題の探究 見方・考え方 選択・判断の手がかりとなる考え方を使って考察・構想しよう。

②で学習した内容や収集した情報もふまえ，考察・構想しよう。

結果 行為の結果である個人や社会全体の幸福を重視する考え方	義務 行為の動機となる公正などの義務を重視する考え方

4 自分の考えの説明・論述

③で考察・構想した内容をもとに，自分の考えをまとめよう。

ふり返り

学習を深めようで調べたこと・考えたことをまとめよう。

▶①～④とふり返りの学習をふまえ，改めて課題について，自分の考えをまとめよう。

Qクイズ 投票日が宇宙での長期滞在と重なった日本人宇宙飛行士は，投票できるでしょうか？ ①できる ②できない

ケーススタディ

フェアトレードを考える〜国際社会の課題

1 課題の設定

フェアトレードにはどのような特徴があり，商品の拡大にはどのような課題があるのだろうか。

▶課題について，自分の考えを書いておこう。

2 情報の収集と読み取り・分析

(1) 右図から，フェアトレード商品の市場規模が大きい国々にはどのような特徴があり，日本はそういった国々と比較してどのような特徴があるかをまとめ，その理由を考えよう。

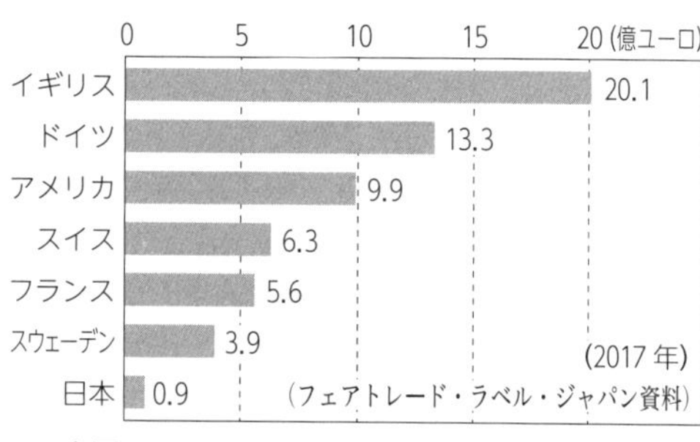

↑図　フェアトレード認証製品推定市場規模

(2) 教科書 p.192を読み，ソウタがフェアトレード専門店で調査したことをまとめよう。

フェアトレードの商品はどのようなものがあり，どこで購入できるか

フェアトレードの課題は何だろうか

(3) あおいが訪れたNPO法人で調査したことを，教科書 p.192図4も用いてまとめよう。①〜⑥にあてはまる語句を書きこもう。

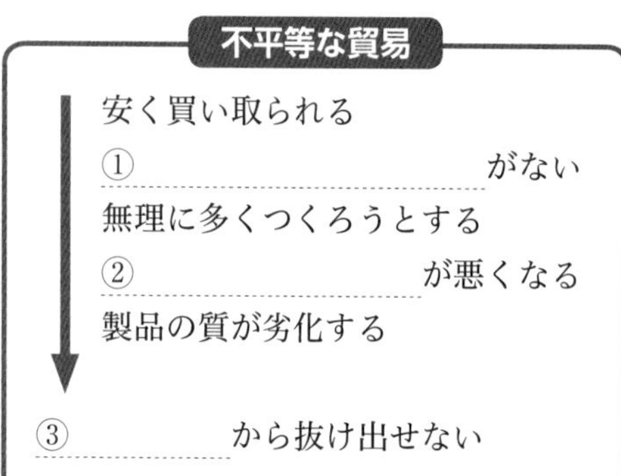

フェアトレード

④ で取り引きされる
①を得る
安定した生産ができる
②がよくなる
製品の⑤ が向上する
⑥

 p.133 クイズの答え ②

(4) あおいは，フェアトレードはSDGs（持続可能な開発目標）が掲げる目標にも合致するものであると考えたが，どのような点で合致しているのかをまとめよう。 **ヒント** 教科書p.102も確認しよう。

③ 課題の探究　見方・考え方　選択・判断の手がかりとなる考え方を使って考察・構想しよう。

②で学習した内容や収集した情報もふまえ，考察・構想しよう。

結果　行為の結果である個人や社会全体の幸福を重視する考え方	義務　行為の動機となる公正などの義務を重視する考え方

④ 自分の考えの説明・論述

③で考察・構想した内容をもとに，自分の考えをまとめよう。

ふり返り

学習を深めようで調べたこと・考えたことをまとめよう。

▶①～④とふり返りの学習をふまえ，改めて課題について，自分の考えをまとめよう。

Qクイズ　フェアトレードの取り組みは，援助より何を求めたものでしょう？　①開発　②交流　③貿易

68 総合問題

1　次の文章を読んで，下の問いに答えよ。

世界と日本がかかえる共通の問題の一つに格差問題がある。南北問題とよばれた国家間の経済格差や個人の貧富の問題，男女格差，情報格差などさまざまな格差が発生している。世界人権宣言では，「人類社会のすべての構成員の固有の尊厳と平等で譲ることのできない権利とを承認することは，世界における自由，正義及び平和の基礎である」と示されている。多様性を認知しあいながら全人類での平等な権利を共有することは，世界平和の礎である。自助，共助もあるが，①公助による社会保障が最後のセーフティネットとして重要である。しかし，問題があることがわかっていても，解決のために実際に②社会的な活動に従事するなどして，行動に移すことは難しい。

日本人医師の中村哲さんは，長年NGOのペシャワール会での活動を通じて，パキスタンやアフガニスタンの困難な問題をかかえている地域社会で継続的な支援をおこなった。特に，水の問題を解決できれば多くの人の命を救うことができると考え，クナール川からガンベリ砂漠まで用水路を建設した功績は大きい。途中，③国際紛争が発生して，現地での支援の中断を余儀なくされたこともあったが，④人間の安全保障の重要性を説く国連の難民支援だけでは届かない部分について，地元の人々の声を聞いて補ったといえる。具体的には学校を建設したり，地元の⑤宗教であるイスラームの寺院のモスクを建設したりした。また，中村さんの下には日本からも多くの青年たちが集まり，現地で中村さんの活動を支援した。⑥青年期に広い世界に出て，さまざまな経験を積むことは，その後の人生にも大きな影響を与える。世界の問題を解決しようとする人々が連帯して，よりよい社会を構築することを願う。

問1　下線部①について，各国の社会保障問題に関する記述として適当でないものを，次の①～④のうちから一つ選べ。（　　　）

①日本では，1986年の年金制度の改正によって，国民皆年金の制度が実現された。

②イギリスでは，第二次世界大戦中に発表されたベバリッジ報告を受けて，社会保障制度の整備が進められた。

③ドイツでは，ビスマルクによって，政府による公的な社会保障制度が導入された。

④アメリカでは，世界恐慌に対処するためのニューディール政策の一環として，1935年に社会保障法が制定された。

問2　下線部②について，日本における市民や企業による社会貢献活動に関する記述として適当でないものを，次の①～④のうちから一つ選べ。（　　　）

①社会貢献活動に取り組む団体の活動を促進するための特定非営利活動促進法（NPO法）は，高度経済成長期に制定されている。

②従業員がボランティア活動に参加しやすくするため，ボランティア休暇の導入に取り組む企業がある。

③地域社会でのボランティア活動を支援するなど，企業による社会貢献活動は，フィランソロピーとよばれることがある。

p.135 クイズの答え　③

④企業がおこなうゼロ・エミッションの取り組みとは，その活動において排出される廃棄物などをゼロにしようとするものである。

問3　下線部③に関連して，平和維持のための制度や武力行使に関する記述として最も適当なものを，次の①～④のうちから一つ選べ。　（　　　）

①自衛隊が海外での国連平和維持活動に初めて派遣されたのは，周辺事態法を根拠としていた。

②国際的な紛争の拡大防止や停戦監視をおこなう国連平和維持活動は，国連憲章の規定を根拠としていた。

③2001年に発生したアメリカ同時多発テロ事件を受けて，アメリカは「テロとの戦い」を唱えて，アフガニスタンにおいて武力を行使した。

④イラクによるクウェート侵攻を契機とした1991年の湾岸戦争において，国連は武力行使の根拠として，「平和のための結集」決議を採択した。

問4　下線部④について，安全保障にかかわる考え方や行動に関する記述として適当でないものを，次の①～④のうちから一つ選べ。　（　　　）

①人間の安全保障という考え方は，1990年代に，国連開発計画によって打ち出されたものである。

②1990年代前半における，イラクに対する多国籍軍による武力攻撃は，国連の安全保障理事会の決定に基づいたものである。

③人間の安全保障の考え方では，環境破壊への対応も課題とされている。

④国連平和維持活動は，国連憲章に明示的に規定されている。

問5　下線部⑤について，宗教や倫理をめぐる思想や考え方に関する記述として最も適当なものを，次の①～④のうちから一つ選べ。　（　　　）

①マザー＝テレサは，アフリカで医療の向上とキリスト教の伝道に従事し，「生命への畏敬」という理念を説いた。

②ガンディーは，すべての生物を同胞とみなす不殺生(アヒンサー)を実践する思想を説いた。

③法然は，ひたすら坐禅をおこなう只管打坐により，心身ともに一切の執着から解き放たれるという身心脱落を説いた。

④日蓮は，修行によって，生きた身のまま，宇宙の根本原理である大日如来に一体化して悟りが開かれるという，即身成仏の教えを説いた。

問6　下線部⑥について，青年期に関する記述として最も適当なものを，次の①～④のうちから一つ選べ。　（　　　）

①ハヴィガーストは，青年期の発達課題の一つとして，必要があれば自立して生計を立てられる，経済的独立について自信をもつことをあげた。

②青年期のなかでも，自我が確立し，親や社会の価値観に疑問をもったり対立したりする時期は，第一反抗期とよばれている。

③産業構造が高度化していくなかで，人間の発達段階における児童期と成人期の間に位置する青年期は，短期化している。

④レヴィンは，社会的な責任や義務を猶予され，自分らしさを準備する期間として，青年期を心理・社会的モラトリアムとよんだ。

18歳からの選挙に向けて

教科書p.70～77も参考にして，選挙制度や投票の知識についておさらいしておこう。

◆選挙の基礎知識

□①衆議院議員・参議院議員の選挙の投票は何歳から可能か。………(　　　　　　　　　　)

□②①と同じ年齢から投票が可能なものを４つあげよう。

……………………(　　　　　　　　　　)(　　　　　　　　　　)

(　　　　　　　　　　)(　　　　　　　　　　)

□③衆議院議員への立候補は何歳から可能か。……………………………(　　　　　　　　　　)

□④参議院議員への立候補は何歳から可能か。……………………………(　　　　　　　　　　)

□⑤選挙運動期間中にビラやインターネットなどを使用して候補者への投票を呼びかけること。

…………………………………………………………………………(　　　　　　　　　　)

□⑥国会議員の選挙の実施を国民に知らせること。………………………(　　　　　　　　　　)

□⑦地方議会議員や首長の選挙の実施を国民に知らせること。………(　　　　　　　　　　)

◆公職選挙法の規定

□⑧有権者がおこなう選挙運動として認められているものを，次のア～ウから選ぼう。(　　　　　)

ア．候補者から届いた電子メールを，友人など多くの人に転送する。

イ．選挙演説を見に行った感想を自分のブログに書きこみ，投票を呼びかける。

ウ．特定の候補者への投票を呼びかけるビラを配り，報酬を得る。

□⑨候補者がおこなう選挙運動として認められているものを，次のア～ウから選ぼう。(　　　　　)

ア．メールの送信を求めた有権者に，投票を呼びかける電子メールを送信する。

イ．駅前で特定の候補者に投票することを求める署名運動をおこなう。

ウ．有権者を集めて食事会を開催し，投票を依頼する。

□⑩秘書や親族など，選挙の候補者と一定の関係のある者が，買収などの罪で有罪となった場合，候補者の当選も無効となる制度。……………………………………………(　　　　　　　　　　)

◆さまざまな投票制度

□⑪投票日に部活動や仕事などがあり，投票に行けない有権者のための制度。

…………………………………………………………………………(　　　　　　　　　　)

□⑫選挙運動期間中に入院していたり，転居などにより投票に行けない有権者のための制度。

…………………………………………………………………………(　　　　　　　　　　)

□⑬海外に住んでおり，投票に行けない有権者のための制度。………(　　　　　　　　　　)

◆こんな時でも投票できる？

□⑭投票が可能な場合を，次のア～エからすべて選ぼう。………………………………(　　　　　)

ア．転居して住民票を移した１週間後に，転居先で投票をする。

イ．投票日当日に18歳になったので投票をする。

ウ．投票日当日に18歳になるが，17歳のうちに期日前投票をする。

エ．投票入場券をもたずに投票をする。